불교 하는 사람은 …

김성철 교수의 실.천.불.교.

비유리왕의 석가족 침공을 저지하시는 부처님

이렇게 더운 날에, 어째서 그늘 없는 나무 아래 앉아 계시옵니까?   대왕이여, 친족의 그늘은 서늘하니라.

다시 간행하면서

불교학자로서 책을 낼 때마다 항시 마음에 걸리는 점이 있었다. 필자가 만드는 거의 모든 책이 대중성이 없는 학술서적이기에 혹여 출판사에 경제적인 손해나 끼치지 않을까 하는 걱정이었다. 다행스럽게도 지금까지 필자가 저술한 책 대부분은 출판사에 큰 폐를 끼치진 않았던 것 같다.

이번에 다시 출간하는 『불교 하는 사람은 …』은 지금부터 9년 전인 2012년에 불교시대사에서 출간했던 책으로 그야말로 필자의 야심작이었다. 불교의 사회적 실천과 관련하여, 필자 나름으로 여러 가지 새로운 생각들이 있었기에, '불교신문'의 칼럼 연재 의뢰에 선뜻 응했고, 1년 동안 총 48편의 글을 연재하면서 한 편, 한 편 심혈을 기울여 원고를 작성하였다. 필자의 칼럼을 읽은 독자들의 반응도 좋았다. 생면부지의 몇 분은 일부러 학교로 전화를 하여, 좋은 글을 써 주어서 고맙다는 말을 전하기도 하였다. 이 글에 덧붙여 그때까지 여러 지면에 기고했던 칼럼들을 모아서 불교시대사에 보내어 한 권의 책을 만들었다. 이 책이 전문적인 학술서적도 아니고, 칼럼을 연재하면서 독자들의 반응도 좋았기에, 출판사에 손해를 보게 하진 않을 것이라고 자신하였다.

그러나 결과는 의외였다. 초판을 모두 소진하는 데 참으로 여러 해가 걸렸다. 불교시대사에서는 이 책을 다시 인쇄하지 않기로 결정했다는 소식을 들었다. 불교출판을 포함하여 출판계 전체가 불황에

4

허덕이는 이 시대이기에 계속 발간해 달라고 조를 수도 없는 일이 었다. 그러나 많이 안타까웠다. 불교의 사회적 실천과 관련하여 필자가 꼭 하고 싶었던 얘기들을 모두 모아놓은 책이었기 때문이었다.

『불교하는 사람은 …』이 절판된 지 몇 해가 흘렀다. 한 달여 전에 필자의 불교신문 칼럼과 관련하여 불교시대사 이규만 사장님과 연락을 주고받다가, 혹시나 하는 마음에 이 책을 다른 출판사에서 다시 출간해도 되겠는지 여쭈었다. 이 사장님께서는 기꺼이 수락하셨다. 그래서 필자의 책을 전문으로 출간하고 있는 도서출판 오타쿠에서 이렇게 다시 책을 내게 되었다.

이번에 다시 발간하면서 제목을 『불교 하는 사람은 - 김성철 교수의 실천불교』로 약간 수정하였다. 책의 성격이 보다 분명히 드러나도록, 불교신문 칼럼의 제목이었던 '실천불교'를 추가한 것이다. 근 10년 전에 발간했던 책이기에 몇몇 칼럼에서 그 당시 일어났던 사건을 거론하기도 하지만, 불교에 대한 이해나 실천의 원칙과 관련하여 달라진 것은 없다. 이 책이 불교의 사회적 실천에 관심을 갖는 많은 분들에게 도움이 되기 바란다.

2021년 3월 21일
도남 김성철 합장

책머리에 (불교시대사 간)

작년 1년 동안 '불교신문'을 통해 매주 한 번씩 '실천불교'라는 제목의 칼럼을 연재하였습니다. 필자의 글들이 불교를 신행하고 실천하는 분들에게 지침이 되고 힘이 될 수 있기를 바라는 마음에서 한 편 한 편 온 정성을 기울여 원고를 작성하였고 어느새 1년이 훌쩍 지나서 총 48편의 글이 모였습니다. 부처님의 삶과 가르침의 핵심에 대해 설명하면서(3,4,5,10,14,27,35,36,37,48), 생물학(2,7,13), 사회철학(6,15,44), 뇌과학(11,12,46,47), 논리학(12,25,26,45), 윤리학(8,9,17,18,19,20,21,22,23,24), 역사(42,43), 유교(16), 심리상담(30), 정책결정(28,29), 정보통신문명(33,34), 생명윤리(31,32), 종교의례(38,39,40,41) 등 다양한 분야와 접목하여 불교를 풀어보았습니다. 고정 지면을 사용하는 연재물로 분량에 제한이 있었기에 각각의 주제에 비해 글들이 압축적이고 호흡이 밭긴 하지만, 뻔한 내용을 담은 글은 거의 없을 거라고 자신합니다.

아울러 필자가 각종 지면에 기고했던 글들 가운데 '불교의 실천'과 관계된 것 열다섯 편을 추려서 '불교와 사회'라는 제목으로 묶었고, 일부 잘못된 권력자들의 종교편향에 항거하며 2008년 8월, 서울시청 앞 광장에서 열렸던 '범불교도대회' 즈음에 기고했던 글들과 우리 불교의 현재와 미래를 담은 글 몇 편을 '파사현정의 길'이라는 제목으로 모았으며, 끝머리에는 《참여불교》에 실렸던 '대담' 기사를 실었습니다.

이 책의 제목, '불교 하는 사람은 …'은 실천불교 칼럼 가운데 첫 글인 "불교는 실천의 종교다"에서 뽑은 겁니다. 우리는 '불교 믿는 사람'이라는 표현과 함께 '불교 하는 사람'이라는 표현도 자주 씁니다. 불교는 '믿는 종교'이기도 하지만 '하는 종교'라는 점에서 다른 종교와 차별됩니다. 부처님의 가르침을 바르게 알고, 바르게 실천할 때 내가 변하고, 내 주변이 변하고, 우리 사회가 변하고, 모든 생명의 세계가 변합니다. 편안해지고, 행복해지며, 평화로워집니다.

여기에 모은 저의 글들이 삶과 사회 속에서 불교를 실천하고자 하는 분들께 도움이 되기를 바랍니다. '실천불교' 칼럼 연재를 시작한 후 얼마 지나지 않아 격려의 말씀과 함께 출판을 약속하신 이규만 사장님께 감사의 마음을 전하며, 혹여 이 책자에 법보시의 공덕이 있다면 그 모두를 불교시대사 前 사장 故 고광영 거사님의 영전에 바칩니다.

불기 2556년(2012), '부처님 오신 날'에
도남(圖南) 김성철(金星喆) 합장

차 례

Ⅱ. 불교와 사회

I
불교의 응용과 실천

1. 불교는 실천의 종교다

　유태교나 가톨릭, 이슬람교나 개신교와 같은 셈족의 종교(Semitic Religion)의 경우는 그 신자들에 대해서 '믿는 사람'이라는 표현을 사용한다. '기독교를 믿는 사람', '이슬람교를 믿는 사람', '믿음이 좋은 사람' 등과 같이. 그러나 불교에 대해서 우리들은 좀 다른 표현을 사용하기도 한다. 불자들은 스스로에 대해서 '불교 하는 사람'이라고 부를 때가 많다. "불교 하는 사람이 그럴 수가 있나?", "불교 하는 사람은 뭐가 달라도 역시 달라." 등등, 무심코 던지는 말이지만, 불교에 대해서 "믿는다."는 표현과 함께 "한다."는 표현이 자주 사용되는 이유는 많은 불자들이 불교가 단순한 믿음의 종교를 넘어 선 '실천의 종교'라고 느끼고 있기 때문일 것이다.

부처님과 가르침과 스님이라는 세 가지 보물, 즉 삼보에 대한 절 대적인 믿음과 귀의를 다짐할 때 불자로서의 삶이 시작된다. 이런 다짐을 삼귀의계(三歸依戒)라고 부른다. 삼보에 대한 귀의 여부는 불자와 불자가 아닌 사람을 구분하는 최소한의 기준이다. 그러나 불 자로서 살아갈 때 가장 중요한 것은 그런 믿음의 토대 위에서 이루 어지는 불교의 실천이다. 부처님의 가르침은 아는 것으로만 그쳐서 는 안 되고 실천되어야 한다.

그러나 부처님의 시대에서 2,600여 년이나 지났을 뿐만 아니라, 내적으로는 조선시대를 거치면서 유교적인 생활습관이 깊이 뿌리 내렸고, 외적으로는 8.15해방 이후 미국의 절대적인 도움 속에서 살 아가면서 지독하게 서구화된 우리 한국 사회이기에, 불교를 실천하 고자 할 때 무엇을 어떻게 해야 할지 참으로 난감할 때가 많다. 불 교를 우리의 삶과 접목시키고자 할 때 마주치는 두 가지 장벽 가운 데 하나는 조선 시대 이래 우리 사회에 깊이 착근한 유교적 가치관 과 관혼상제 의례이고 다른 하나는 근대화 이후 쓰나미처럼 밀려들 어온 서구의 자본주의와 과학기술이다. 스스로 불자라고 자부하지만 그 가치관과 생활습관은 유교적이고 마음속으로는 금전만능의 물질 문명을 흠모한다.

진정한 불자라면, 자신을 포함한 우리 사회의 많은 문제점을 해결 하고자 할 때 그 모두를 불교식으로 해석할 수 있어야 하고, 그 일 거수일투족이 불교적이어야 하며, 그 해결 방안 역시 철저히 불교적

이어야 할 것이다. 속칭 '덩달이'가 되어서는 안 될 것이다. 이런 실천의 길에서 불자들은 다른 사회단체나 이웃종교의 구성원들과 협력할 수도 있겠지만, 제 목소리를 낼 수도 있어야 할 것이다.

우리 사회의 통념이나 이웃 종교의 가르침 가운데 부처님 가르침과 일치하는 것이 대부분이지만 그렇지 않은 것도 적지 않다. 예를 들어 천성산 터널이나 4대강 사업에서 보듯이 다른 생명체를 대하는 태도의 경우 비불자들의 생각은 불자들과 판이하게 다르다. 전통과 현대의 갈등, 남북통일의 문제, 바람직한 정치체제의 문제, 생명공학과 윤리의 문제 등등에 대해서 우리 불자들은 부처님 가르침을 지침으로 삼아서 다른 누구보다 탁월한 해결책을 제시할 수 있어야 할 것이다. 또, 불교적인 결혼식은 어떠해야 하는지? 불교인들은 제사나 차례를 어떻게 지내야 하는지? 불교적 사회참여란 무엇인지? 불전의 가르침을 지침으로 삼아 이런 모든 문제들에 대한 해답을 모색해 보겠다.

2. '고기 몸'의 비극① - 불교신행의 출발 점

수수께끼를 하나 내 보겠다. 우리의 얼굴에는 눈과 코와 입과 귀가 달려있는데, 이렇게 이목구비가 얼굴에 몰려 있는 이유는 무엇일까? 입 바로 위에 코가 있고 코 위에 눈이 있다. 사람도 그렇지만 고양이나 개, 호랑이나 사슴과 같은 포유류는 물론이고 까마귀나 독수리, 참새나 비둘기와 같은 새들도 그렇고, 물고기도 그렇고, 잠자리나 사마귀, 개미나 모기와 같은 곤충도 그렇다. 이목구비가 우리 몸 이곳저곳에 흩어져 있는 것이 아니라 모두 얼굴에 몰려 있다. 그 이유는 무엇일까? 난센스 퀴즈가 아니다. 합리적이고 과학적으로 생각해 보자. 사람을 포함하여 모든 동물의 이목구비가 얼굴 한 곳에 몰려있는 이유는 무엇일까? … 그 답은 의외로 간단하다. '먹기 위해서'다.

만일 우리가 아프리카의 오지에 혼자 버려졌다면, 몇 일간은 우선 그곳에서 탈출하기 위해서 노력할 것이다. 그러면서 하루 이틀 지나다 보면 배가 고파지고, 주린 배를 채울 먹이를 찾아 헤매게 될 것이다. 그 때 우리의 이목구비는 먹이를 찾는데 총동원된다. 먹이와 관련하여 혀는 '근접 화학 탐지기', 코는 '원격 화학 탐지기', 눈은 '원격 광학 탐지기'라고 명명할 수 있다. 먹이로 보이는 것이 원격 광학 탐지기에 포착되면, 그것을 채취하여 원격 화학 탐지기인 코로 그 성분을 분석하고, 입에 넣은 후 근접 화학 탐지기인 혀로 그 유해성 여부를 재확인한 후, 그것이 몸에 해롭지 않은 먹이임이 최종 확인되면 꿀꺽 삼킨다. 적어도 3단계의 확인을 거친 먹이만이 목구멍을 통과한다. 이목구비 가운데 가장 중요한 기관은 '입'이다.

이목구비 가운데 귀는 그 주된 기능이 입과 상반된다. 먹기 위한 것이 아니라 먹히지 않기 위한 것이다. 귀는 '매질 진동 탐지기'이다. 우리가 사는 매질인 공기의 진동을 감지하는 기관이다. 나보다 더 큰 몸을 가진 생명체가 움직일 때 주변의 공기가 진동한다. 큰 소리가 나는 것이다. 몸이 큰 생명체는 나를 잡아먹을 수 있기에 큰 소리가 나면 먹히지 않기 위해서 몸을 숨긴다. 물고기의 경우는 옆줄이 귀를 대신한다. 옆줄은 매질인 물의 진동을 느끼는 기관이다. 자기보다 몸이 큰 물고기가 움직일 때 물에 진동이 일어나고 그런 진동을 옆줄로 포착한 작은 물고기는 먹히지 않기 위해서 재빨리

피한다. 요컨대 눈과 코와 혀의 주된 기능은 '남을 잡아먹기 위한 것'이고, 귀의 주된 기능은 '남에게 잡아먹히지 않기 위한 것'이다.

남을 잡아서 그 고기를 먹는 이유는 내 몸을 키우고 유지하기 위한 것이고, 남이 나를 잡아먹는 이유는 내 몸이 고기로 되어 있기 때문이다. 인간을 포함한 모든 동물의 공통점이다. 먹고 먹히는 비정한 생명의 세계다. 그리고 이는 아버지 정반왕과 함께 농경제에 참석했던 12세 어린 싯다르타 태자의 눈에 비친 생명의 모습이었다. 농부의 쟁기질에 파헤쳐진 흙더미에서 벌레 한 마리가 꿈틀대는 것이 보였다. 그 때 갑자기 어디선가 작은 새가 날아와 그 벌레를 물고 공중으로 솟구쳤다. 그러자 다시 큰 새가 날아와 그 작은 새를 잡아챈 채 멀리 날아가 버렸다. 싯다르타 태자의 정신이 아득했다. 차마 더 이상 그 모습을 지켜 볼 수가 없었다. 태자는 인근에 있는 염부수라는 나무 그늘로 자리를 옮겼다. 그리곤 순식간에 일어났던 모든 일들을 떠올렸다. 먹고 먹히는 것이 생명세계의 비정한 현실이었다. '고기 몸'의 비극! 부처님의 가르침을 바르게 이해하고 실천하고자 할 때 가장 먼저 갖추어야 할 생명에 대한 통찰이다.

3. '고기 몸'의 비극② - 싯다르타 태자, 염부수 아래의 정관

　우리의 몸 외부에 붙은 기관 가운데 가장 중요한 것이 두 가지 있다. 하나는 입이고 다른 하나는 성기(性器)다. 입을 통해 먹이를 섭취하여 몸을 유지하고, 성기를 이용하여 섹스를 해서 나와 유사한 2세의 몸을 생산한다. 나의 이러한 몸이 지금 여기에 있을 수 있는 이유는 나에게 몸을 제공한 나의 부모를 포함하여 선대의 조상들이 모두 '먹는 일'과 '섹스'에 성공적이었기 때문이다. 그리고 나의 몸을 구성하는 유전인자 속에 이런 두 가지 욕망이 내재한다. 진화론으로 본 나의 몸이다. 정신분석의 창시자 프로이드(Freud)는 인간의 근본적인 욕망으로 식욕과 성욕을 들었는데 이는 이목구비의 중심으로 얼굴에 뚫린 입, 그리고 하체의 중앙에 있는 성기를 통해 충족된다. 동물적인 견지에서 볼 때 눈과 코와 귀, 그리고 손과 발의 4지는 입과 성기를 보조하는 부속 기관들일 뿐이다. 2차적인 도구들이다.

대부분의 사람들은 이런 비정한 세계에서 강자가 되기 위해서 노력한다. 남보다 좋은 음식을 많이 먹으려고 하고, 남보다 좋은 배우자를 얻으려고 한다. 식욕과 성욕. 우리의 몸뚱이에서 솟는 동물적인 본능의 핵심이다. 그러나 먹이와 섹스가 그렇게 호락호락하게 얻어지는 것이 아니다. 짐승의 세계에서 보듯이 먹이와 섹스는 투쟁을 통해서 얻어진다. 승자가 되기 위해서는 경쟁자에게 고통을 주어야 한다. 최종 승자가 되어도 잠시일 뿐이고 곧이어 다른 강자에게 자리를 내어주어야 한다. '고기 몸'의 본질인 먹이와 섹스는 쾌락의 원천이기도 하지만, 고통의 뿌리이기도 하다. 그리고 그러한 고기 몸은 항상 싱싱한 것이 아니라 결국 노쇠하고, 병들고, 죽어서 썩게 마련이다.

이런 통찰이 깊어질 때 자신의 '고기 몸'에 대한 '정나미'가 떨어진다. 아울러, 약육강식의 투쟁 속에서 생로병사 하는 다른 모든 '고기 몸'들에 대해 가련하고 애틋한 마음이 샘솟는다. 불전에서는 염부수 아래에 앉아서 농경제의 비극을 떠올리던 12세의 싯다르타 태자가 "모든 생명체가 받는 생로병사 등의 고통에 대해 면밀히 생각하면서 자비의 마음을 내자 마음이 편안해지면서 모든 욕망과 악에서 벗어났으며 욕계(欲界)의 번뇌가 다 소진되고 색계(色界) 초선

(初禪)의 경지에 들 수 있었다(佛本行集經).”고 쓰고 있다.

불전에 의하면 생명의 세계는 욕계, 색계, 무색계(無色界)의 삼계 (三界)로 이루어져 있다고 한다. 욕계의 중생은 ‘몸과 정신과 동물 적인 욕망’을 모두 갖고 있고, 색계의 중생은 ‘몸과 정신’만 있는 천 신들이며, 무색계는 오직 ‘정신’의 삼매경만 있는 곳이다. 인간이나 짐승은 이 가운데 욕계의 중생에 속한다. 그리고 욕계의 번뇌는 ‘고 기 몸’에서 비롯된 동물적인 욕망들이다. 고기 몸에서 생긴 번뇌들 이 사라질 때 그 마음은 욕계를 초월하여 색계의 경지로 향상한다. 색계의 경지 가운데 첫 단계를 초선이라고 부른다. 선 가운데 제1단 계라는 의미이다. 선(禪)은 산스끄리뜨어로는 댜나(dhyāna), 빠알리 어로는 자나(jhāna)의 음사어인 선나(禪那)를 줄인 말로 정관(靜觀) 이라고 한역하기도 한다. “고요히 생각한다.”는 뜻이다.

그런데 여기서 우리 불교 수행자들이 명심해야 할 점이 있다. 선 을 닦을 때, 반드시 수반되어야 할 두 가지 감성이 있다는 점이다. 하나는 자신의 ‘고기 몸’에 대한 염리심(厭離心)이고 다른 하나는 ‘고기 몸’을 갖는 다른 생명체의 고통에 대한 애틋한 연민심(憐愍 心)이다. 간화선을 닦든 위빠싸나를 하든 염리심과 연민심이 함께 해야 수행자의 마음은 진정으로 욕계를 벗어나 색계에 오를 수 있 다. 12세 싯다르타 태자가 그러했듯이 …

4. 싯다르타 태자의 출가 - 전륜성왕 No!, 부처 Yes!

부처님의 일대기를 여덟 가지 장면으로 요약한 팔상도의 두 번째 장면을 '비람강생상'이라고 부른다. 비람강생상은 '룸비니[비람]' 동산의 무우수 아래에서 싯다르타 태자가 탄생하는 모습, 탄생 직후 태자가 한 손은 하늘을 다른 한 손은 땅을 가리키면서 '천상천하 유아독존'이라고 외치는 모습, 천신들이 온갖 보물로 태자에게 공양을 올리는 모습, 용왕이 태자의 몸을 씻어드리는 모습, 태자를 모시고 왕궁으로 돌아오는 모습, 아시타(Asita)라는 이름의 선인이 태자의 관상을 보는 모습의 여섯 장면으로 이루어져 있다. 그런데 특이한 것은 마지막 여섯 번째 장면에서 아시타 선인이 통곡하고 있다는 점이다.

아시타 선인이 통곡하는 것이 의아하여 부처님의 아버지 정반왕께서 그 이유를 묻자 선인은 다음과 같이 대답했다고 한다. "대왕이시여 태자께서는 서른두 가지 상호를 갖추고 계신데, 이러한 상호를 갖는 분이 세속에서 살아간다면 장성한 후에 반드시 전륜성왕이 되어 온 세상을 통치하실 것이고, 출가하여 수행자가 된다면 반드시 깨달음을 얻어 천신과 인간을 널리 제도하는 부처님이 되실 것입니다. 그런데 태자의 상호는 너무나 완벽하기에 출가하여 최고의 깨달음을 얻고 수많은 중생을 제도하실 것이 확실합니다. 그런데 제 나이가 이미 120세가 되어서 얼마 후에 목숨을 마칠 게 분명하니 태자께서 부처님이 되시는 것도 보지 못하고 가르침도 듣지 못할 것이라 슬퍼서 웁니다." 우리가 여기서 얻을 수 있는 교훈 가운데, 하나는 인간의 궁극적 목표에는 전륜성왕과 부처의 두 가지가 있다는 점이고, 다른 하나는 이 두 가지 목표 가운데 부처가 더 우위에 있다는 점이다.

≪대지도론≫에서는 전륜성왕과 부처 모두 32상을 갖췄으며 복덕이 무량하지만 다음과 같은 점에서 부처가 우월하다고 가르친다. 첫째 전륜성왕은 탐진치의 번뇌가 가득하지만 부처에게는 그런 번뇌가 없다. 둘째 전륜성왕은 생로병사를 되풀이 하며 윤회하지만 부처는 윤회에서 완전히 벗어나 있다. 셋째 전륜성왕은 기껏해야 인간이 사는 4천하를 통치하지만 부처는 무량한 온갖 세계의 중생들을 이끈다. 전륜성왕은 재물을 자유자재로 쓰지만(財自在) 부처는 마음을

자유자재로 쓴다(心自在). 전륜성왕은 천락(天樂)을 추구하며 살지만 부처는 천락은 물론이고 최고의 삼매락(三昧樂)조차 추구하지 않는다. 전륜성왕은 밖의 자극을 통해서 즐거움을 얻지만 부처는 그 마음 자체에 즐거움이 있다.

전륜성왕의 길은 무력을 통해서 황제의 지위에 오르려는 '세속적인 영웅호걸'의 길이다. 약육강식의 세계에서 '라이온 킹'과 같은 최강자가 되는 길이다. 수많은 나라와 부족들을 굴복시키고 하나의 제국을 건설하기 위해서는 폭력을 통해 상상을 초월한 살육을 자행해야 한다. 알렉산더가 그랬고 진시황이 그랬고 칭기스칸이 그랬다. 이러한 영웅호걸들이 나타나면 민중은 도탄에 빠진다. 12세 어린 나이에 농경제에 참석했다가 '고기 몸'의 비극을 목격하고 비감에 젖었던 싯다르타 태자였기에 세속적인 영웅호걸을 추구하는 '전륜성왕의 길'을 도저히 용납할 수 없었을 것이다. 29세가 되었을 때 태자는 일생일대의 결단을 내리게 된다. 아시타 선인의 예언과 같이 출가하여 구도의 삶을 시작했던 것이다. 권력과 금력으로 세상을 제압하려는 동물적 삶을 버리고, 인간을 포함한 모든 생명체의 고통에 공감하고 그 고통을 근본적으로 제거하는 방법을 모색하기 시작하셨다. 비폭력의 길, 깨달음의 길이었다. 진정한 영웅, 대웅(大雄)의 길이었다.

5. 보리수 아래의 깨달음

왕궁을 나온 싯다르타 태자는, 당신이 살던 카필라성에서 동남쪽으로 500km 남짓 떨어진 마가다국을 향해 발걸음을 옮겼다. 그 도중에 '바가완'이라는 선인(仙人)을 만나서 고행을 닦기도 했고, '알라라 깔라마'와 '웃다까 라마뿟따'에게서 삼매를 배우기도 했지만, 이런 수행을 해도 태자의 번민이 사라지지는 않았다. "어떻게 하면 태어나고 늙고 병들고 결국은 죽고 마는 이 모든 괴로움에서 벗어날 수 있을 것인가?" 태자는 네란자라 강 부근의 전정각산(前正覺山)으로 들어가서 다섯 친구와 함께 다시 처절할 정도로 고행에 전념하였다.

6년의 세월이 흘렀으나 삶과 죽음에 대한 번민은 사라지지 않았다. 고행의 무익함을 확인한 태자는 이를 중단하고 전정각산에서 약 8km 떨어진 보드가야의 보리수 아래로 자리를 옮겨서 당신의 방식대로 새롭게 수행을 시작하셨다. 12세 어린 나이에 농경제에 참석했다가 '고기 몸'의 비극을 목격하고서 염부수 아래에서 곰곰이 생각하던 일을 떠올렸다. '고행'이나 '삼매'와 같은 어떤 테크닉을 이용한 수행이 아니라, 모든 것을 '있는 그대로(yathābhūtam)' 보는 진솔한 수행이었다. '선(禪)'이었다. '고행'과 '삼매락(三昧樂)'을 모두 배격하는 고락중도(苦樂中道)의 수행이었다.

태자는 곰곰이 생각하였다. "어째서 죽음이 있는가?" "어째서 모든 생명은 죽어야 하는가?" … 그러다가 첫 번째 답을 발견하였다. 답은 의외로 간단하였다. "태어났기 때문이다!" 태어났기 때문에 늙어 죽는다. 모든 생명체가 무한히 생로병사 하는 원리와 과정을 열두 단계로 요약한 십이연기설(十二緣起說)에서는 이를 "생이 있음에 노사가 있다."고 표현한다.

그리고 태자는 다시 생각에 잠겼다. "그러면 어째서 태어나는 것일까?" … 기억을 더듬으며 깊이 숙고하다가 한참 시간이 흘러 초저녁[初夜]이 되었을 때 호흡조차 잦아들면서 당신의 전생이 하나둘 떠오르기 시작하였다. 언제 어디에 태어났었는지, 이름이 무엇이었는지, 무엇을 먹고 살았는지, 수명은 어땠는지 … 어디서 죽어서 어디에 태어났는지 …. 이렇게 자신이 전생을 기억하는 능력을 '숙명통(宿命通)'이라고 부른다.

태자는 시선을 다른 생명체로 돌려서 그들의 삶에 대해 면밀히 통찰하였다. 그리고 자정[中夜] 무렵이 되었을 때 태자는 모든 생명체의 탄생과 죽음, 행복과 불행의 원리에 대해 '있는 그대로' 직관할 수 있었다. 천안통(天眼通)이 열렸던 것이다. 모든 생명체는 탐, 진, 치와 같은 번뇌로 인해서 계속 태어나며, 악을 행하면 그의 미래와 다음 생이 불행해지고 선을 행하면 행복해진다는 인과응보 법칙의 지배를 받고 있었다. 어떤 생명체든 그의 행복, 불행은 원래 그런 것이 아니라 그에 해당하는 원인에 의존해서 발생한 것이었다. 후대의 교학에서는 이런 '의존적 발생'의 법칙을 연기(緣起)라고 부른다.

싯다르타 태자는 여기서 멈추지 않고 다시 깊은 생각에 침잠하였다. 새벽[後夜]이 되었을 때 모든 번민이 사라지고 최고의 깨달음이 열렸다. 생명의 세계는 근본적으로 괴로운 곳이라는 점[苦]을 확실히 알게 되었고, 이런 괴로움의 원인[集]인 번뇌를 제거하면, 괴로움이 사라진 열반[滅]을 증득하는데, 이는 팔정도[道]를 실천함으로써 성취된다. 번뇌[漏]가 소진[盡]되었다는 의미에서 이를 누진통(漏盡通)이라고 부른다. 모든 생명체를 약육강식의 고통에서 해방시키는 길을 발견하셨던 것이다. 전륜성왕의 길을 버리고 출가하신 후 6년이 지나서 숙명통, 천안통, 누진통의 세 가지 신통력[三明]이 열리면서 드디어 부처님이 되셨다(≪四分律≫).

6. 인간 사회의 영원한 균형추 - 실리가 와 이념가

우리 사회에는 두 부류의 사람들이 있다. 한 부류는 '금력'이나 '권력'과 같은 동물적인 힘을 지향하는 사람들이고, 다른 부류는 그런 동물적인 힘보다 '정의'나 '자비'와 같은 보편적인 가치를 중시하는 사람들이다. 싯다르타 태자의 탄생설화에서 거론하는 전륜성왕은 전자에 해당하지만, 부처님은 후자의 길을 선택하셨다. 현대사회에 적용하면 유능한 기업가, 통속적 정치인 등은 전자에 해당하고 '올바른' 법조인, 언론인, 교육자, 시민운동가 그리고 종교인은 후자에 해당한다. '물질적 이익'이나 '세속적 명예'를 목표로 삼고 살아간다는 점에서 전자를 '실리가(實利家)'라고 명명할 수 있고, 어떤 상황에서든 '정신적 가치'를 중시한다는 점에서 후자를 '이념가(理念家)'라고 부를 수 있을 것이다.

실리의 길과 이념의 길을 칼로 무 자르듯이 구분할 수는 없다. 실리와 이념 가운데 무엇을 더 중시하는가에 따라서 우리의 인생행로가 달라지지만, 실리의 길을 가도 언제나 이념의 좌표가 함께 하고, 이념의 길을 선택한 사람이라고 해도 의식주(衣食住)의 실리를 무시할 수 없다. "먹어야 양반이다."라는 속담에서 보듯이 어느 정도의 실리가 충족되어야 이념의 길을 갈 수 있고, 아무리 실리가 차고 넘쳐도 정신적 가치를 추구하지 않는다면 그는 '배부른 돼지'와 다를 게 없다. 어떤 사회의 구성원들이 오직 실리만 추구한다면 그 사회는 약육강식의 밀림으로 전락하고, 이념만 추구하는 사회는 빈곤에서 벗어날 수 없다. 산업혁명 이후 제2차 세계대전까지의 서구사회는 전자와 같았고, '육체노동을 천시했던 구한말의 한반도'와 '88 올림픽 이후 도미노처럼 몰락한 공산권 국가들'은 후자와 같았다.

실리가와 이념가는 마르크스가 말하는 '계급(Class)'과 그 의미가 다르다. 계급은 '권력이나 금력의 양(量)'으로 그 위계가 구분되지만, 실리와 이념은 '질(質)적으로 대립하는 힘'이다. 마르크스 역시 이념가에 다름 아니었다. 마르크스는 자본주의가 몰락하고 계급 없는 사회가 올 것이라고 꿈꾸었지만, 역사적으로 볼 때 실현가능한 이상 사회는 '계급이 없는 사회'가 아니라 '실리가와 이념가의 힘이 균형을 이루는 사회'다. 예를 들어 원시사회에서 추장이 실리가였다면 무당은 이념가였다. 중세유럽에서 교황은 이념가의 수장(首長),

왕은 실리가의 우두머리였다. 인도의 캐스트 제도에서 사제(司祭)인 바라문은 이념가인 반면 정치가인 크샤트리아와 상업인인 바이샤는 실리가에 속한다. 조선시대 사농공상(士農工商)의 신분질서에서 '사'가 이념가라면 '농공상'은 실리가에 해당한다. CEO는 실리가, NGO는 이념가다. 이 두 힘이 균형을 이룰 때 사회는 안정되고 번영하였다. 실리가와 이념가. 그 지향점은 상극(相剋)이지만 우리 사회가 궤도에서 벗어나지 않게 이끄는 두 마리의 말과 같다.

실리가는 사회의 부를 창출하고 이념가는 그것이 공정하게 분배되게 만든다. 실리가는 무력을 통해 외적의 침입을 퇴치하고 이념가는 그런 무력이 구성원에게 행사되지 않도록 감시한다. 우리 사회에서 실리와 이념이 균형을 이루게 하는 것. 이데올로기의 독단을 넘는 제3의 길이다.

불교는 지극한 이념의 종교다. 인간을 포함한 모든 생명의 평등과 그에 대한 자비를 가르친다. 지금 우리 사회를 떠받치는 저울대는 실리의 방향으로 지나치게 기울어 있다. 이 때 실리가들의 지친 마음을 보듬고, 충혈된 눈을 식히고, 동물적 횡포를 견제하고, 삶의 좌표를 제시하는 일. 이념가인 불교인들이 적극 나서서 할 일들이다.

7. 인간은 짐승과 다를 게 없다 - 축생관 (畜生觀)

　서구인들은 다른 동물과 차별되는 인간의 특성에 대해서 다양하게 정의해왔다. 생물학에서는 호모사피엔스(Homo Sapiens)라고 부른다. '슬기로운 사람'이라는 뜻이다. 네덜란드의 문화사학자 하위징아(Huizinga)는 호모루덴스(Homo Ludens)라는 신조어를 창안하였다. '유희하는 사람'이라는 의미로 놀이와 농담과 여가를 즐기는 것이 사람의 특성이라는 것이다. 도구를 만들 줄 안다는 의미에서 프랑스의 철학자 베르그송(Bergson)은 호모파베르(Homo Faber)라고 명명하였다.

그러나 이들이 주장하는 '슬기'나 '놀이'나 '도구' 모두 인간만의 본질은 아니다. 어떤 동물이든 자신이 처한 독특한 환경에서 몸을 보존하는 놀라운 '슬기'를 갖추고 있고, 강아지든 사자든 먹이가 해결되면 '놀이'에 몰두한다. 또 최근의 동물행동학 연구에 의하면 침판지와 같은 유인원은 물론이고 해달(海獺)이나 이집트 독수리, 갈라파고스의 핀치 새 등 '도구'를 이용하는 동물들이 적지 않다고 한다.

인간의 몸 역시 짐승의 몸과 크게 다를 게 없다. 인간을 포함한 모든 동물들은 얼굴 중앙에 뚫린 입 구멍으로 계속 '먹이'를 넣어야 그 몸이 유지되고, 어느 정도 몸이 성숙하여 자립능력이 생기면 교미를 통해서 2세를 생산한다. 남의 고기를 먹어야 살고, 내 고기가 먹히면 죽는다. '고기 몸'의 본질이다. 그런데 이런 생명의 세계에서 최고의 포식자인 인간은 다른 동물의 고기만 먹고 살지, 남에게 먹히는 경우는 거의 없다. 약 70억의 전 인류 가운데 단 한 사람이라도 다른 동물에게 잡아먹히면 뉴스거리가 될 정도다. 인간이 이렇게 최강의 종(種)으로 등극하게 된 것은, 그 몸이 뛰어나서가 아니라 언어를 통해서 수천 년 동안 누적해온 문명의 힘 때문이었다. 다른 동물과 차별되는 인간의 가장 중요한 특성은 극도로 발달한 언어 구사 능력에 있다.

침팬지와 인간의 유전인자는 98%가 똑같다고 한다. 고릴라나 오랑우탄과 같은 다른 유인원의 유전자도 인간과 비슷할 것이다. 생물학에서는 이들과 인간을 함께 묶어서 '영장류(Primates)'라고 부른다. '뛰어난(Prime) 종'이란 뜻이다. 언어를 상실하고 문명의 전수가 끊어진다면 우리 인간은 침팬지나 오랑우탄, 고릴라와 다를 게 없을 것이다. '문명의 온실' 속에서 수만 년간 진화해온 인간이기에, 온실 밖의 밀림 속에서 생존하는 능력은 오히려 이들만 못할지도 모른다.

불교의 입문적인 관찰법으로 오정심(五停心)이란 것이 있다. 본격적인 수행을 시작하기 전에 초심자의 거친 감성과 생각을 어느 정도 가라앉혀 주는 다섯 가지 관찰법이다. 분노가 많은 사람은 '모든 생명의 행복을 염원하는' 자비관(慈悲觀), 욕심이 많은 사람은 '몸의 더러움을 떠올리는' 부정관(不淨觀), 마음이 산란한 사람은 '자신의 호흡을 주시하는' 수식관(數息觀), 자의식이 강한 사람은 '무아를 통찰하는' 계분별관(界分別觀), 종교적 어리석음에 빠진 사람은 '모든 것이 얽혀서 발생한다는' 연기관(緣起觀)을 닦게 한다. 그런데 인위와 조작으로 가득한 현대 사회에서 불교를 올바로 알고 수행하고자 할 때 반드시 필요한 통찰이 하나 더 있다. 축생관(畜生觀)이다. 인간의 몸이든 감성이든 원래 짐승과 다를 게 없다는 사실을 관찰하는 것이다. 이런 통찰이 철저해질 때, 약육강식의 밀림과 다름없던 인간사회에 평화와 안락의 가르침을 베푸신 부처님의 위대함을 더욱 절감하게 된다.

8. 짐승과 반대로 살기 - 계율과 승가

지구상에 인류가 출현한지 200만년이 넘었다고 하지만 수천 년 전까지 인간 사회는 짐승의 사회와 크게 다를 게 없었다. 힘에 의해서 구성원의 신분과 서열이 정해졌다. 다만 짐승과 다른 것은 힘의 우열을 판가름하는 도구가 이빨과 발톱이 아니라 칼과 창 같은 무기로 대체되었다는 점일 뿐이었다. 과거의 인류나 짐승의 행동방식을 불교의 행동규범과 비교해 보면 부처님 가르침의 취지가 분명하게 드러난다.

불교의 행동규범을 계율(戒律)이라고 부른다. 계(Śīla)는 출가자와 재가자 모두에게 해당하는 지침으로 윤리(Ethics)와 비교되고, 율(Vinaya)은 출가하신 스님들이 지켜야 할 승가의 규칙으로 법(Law)에 대비된다. 계는 선행과 악행을 가르는 기준인데 누가 보건 안 보건 계에 어긋난 행동을 하게 되면, 인과응보의 이치에 따라 괴로운 과보를 받게 되고 계를 잘 지키면서 살면 즐거운 과보를 받는다. 율은 계의 취지에 입각하여 제정된 수많은 조항들로 이루어져 있는데, 율을 어길 경우 마치 재판과정과 같은 갈마(羯磨) 의식을 통해서 승단의 처벌도 받는다. 재가불자가 수지하는 5계나 10선계는 모두 계에 해당하고, 출가 후 비구스님이 되기 위해서 받는 250계나 비구니스님의 348계는 모두 율의 조항들이다.

　이런 계와 율 가운데 가장 간단한 지침인 5계는 "살생하지 말라!", "도둑질 하지 말라!", "삿된 음행 하지 말라!", "거짓말 하지 말라!", "술 마시지 말라!"의 다섯 가지로 이루어져 있다. '거짓말'과 '음주'는 짐승과 무관하기에 제외시키고, 앞의 세 가지 조항만 짐승의 행태와 비교해 보아도 불교의 본질을 쉽게 알 수 있다.

　싸움과 살생에 가장 뛰어난 사자가 '라이온 킹'이 되고, 남이 잡아놓은 먹이를 훔치고 빼앗는 데 능숙한 하이에나가 자기 새끼를 가장 잘 양육하며, 순록이나 사자 등의 예에서 보듯이 가능한 한 많은 암컷을 거느리면서 음행을 하는 놈이 최고의 수컷이다. 짐승의 삶은 그야말로 살생과 도둑질, 그리고 음행으로 점철되어 있다. 겉모습은 인간으로 치장을 하고 있어도 그 속내는 이런 짐승과 다를 게 없는 사람, 어쩌면 이보다 더 심한 사람도 적지 않을 것이다. 부처님께서는 이런 짐승들과 완전히 반대로 살아가라고 가르치셨다. 살생하지 말라! 도둑질하지 말라! 삿된 음행하지 말라! 거짓말하지 말라! 술 마시지 말라! 그리고 약육강식의 밀림과 다름없던 비정한 인간 사회에 '승가'라는 오아시스를 만드셨다.

짐승의 사회나 원시의 인간사회에서는 무력의 세기에 의해 서열이 정해진다. 권력이나 금력 역시 무력의 변형에 다름 아니다. 무력, 권력, 금력과 같은 힘에 의해서 서열을 매기는 사회에서는 모두가 불행하다. 최정상의 1인 외에는 모두 자신보다 힘이 강한 자의 위세에 눌려 살아야 하고, 그 최정상의 1인도 영원히 그 지위에 있을 수는 없기 때문이다.

그러나 승가사회에서는 힘이 아니라 덕망에 의해서 그 구성원의 서열이 정해진다. 승가에서는 가장 자비롭고, 검소하고, 지혜롭고, 겸손한 수행자를 최정상에 모신다. 이런 덕목들에 의해 서열을 매기는 사회에서는 그 구성원 모두가 편안하고 행복하다. 그 누구든 나보다 상위에 있는 사람이 나보다 자비롭고 지혜롭고, 검소하고, 겸손하기 때문이다. 세속에서 상처받고 지친 사람들에게 이러한 승가의 모습은 큰 위안을 준다. 쉼터가 된다. 의지처가 된다. 자유방임주의의 바람이 다시 불기 시작한 지금의 이 시대, '무력을 대체한 금력'이 지배하는 밀림과 같은 이 시대 우리 사회에서 승가의 역할이 더욱 절실하다.

9. 불교가 넘어야 할 산 - 물질주의와 쾌락주의

불교를 포함하여 인도에서 발생한 거의 모든 종교에서는 윤회를
당연시하였다. 그러나 순세파만은 예외였다. 순세파(順世派)는 로까
야따(Lokāyata)라는 산스끄리뜨어의 번역어인데 문자 그대로 '세속
에 순응하는 학파'라는 뜻이다. 그 시조의 이름을 따서 짜르와까(Cā
rvāka)라고 불리기도 했다.

순세파에서는 철저한 물질주의, 유물론를 가르친다. 이 세상에는

오직 지(地), 수(水), 화(火), 풍(風)의 네 가지 물질만 존재한다. 우리의 정신은 이런 네 가지 물질에서 파생된 것일 뿐이고 죽으면 모든 것은 끝이다. 윤회는 없다. 지옥이나 천상과 같은 내세가 있다는 가르침은 모두 거짓말이다. 따라서 감각적 쾌락에 탐닉하며 사는 것이 최선의 길이다. 이들 순세파의 경전에서는 다음과 같이 노래하였다. "살아 있을 때 행복을 좇아라. 빚을 지고 있더라도, 버터와 같은 좋은 음식을 먹어라. 죽어서 육신이 재가 되면, 그 빚을 갚을 필요가 있겠는가?"

불교를 포함하여 인도종교의 거의 모든 성전에서는 이들 순세파의 가르침을 자주 인용하였다. 그 이유는 오직 감각적 쾌락만 추구하는 천박한 사상의 대표적인 예이기 때문이었다. 순세파는 서력기원전 3~4세기 경 마우리아(Maurya) 왕조 때 발생한 것으로 추정되는데, 다른 모든 종교에서 조롱과 지탄의 대상으로 삼긴 했지만 기원후 15세기까지 존속하였고 그 가르침을 하나하나 따져 보면 우리 현대인들 대부분의 세계관, 인생관, 가치관과 크게 다르지 않기에 섣불리 비판하기도 힘들다.

의식하든 의식하지 못하든 현대인들을 오염시키고 있는 순세파적인 물질주의와 쾌락주의는 자연과학적 세계관을 바탕에 깔고 있기에 웬만한 인문, 철학, 종교의 바람에 흔들리지 않는다. 현대인들에게 부처님의 가르침을 전하려고 할 때 마주치는 거대한 장벽은 가톨릭이나 개신교나 이슬람교와 같은 셈족의 종교가 아니라 자연과학에 근거한 물질주의와 쾌락주의다. 서구사회에서 셈족의 종교들은 설득력을 잃은 지 이미 오래되었다. 교회와 성당이 텅텅 빈다고 한다. 우리나라의 경우 '서구의 모든 것에 대한 무조건적인 추종'을 근대화로 착각할 정도로 그 구성원들의 인문사회과학적 판단력이 미숙했는데, 최근 들어 '서구의 종교'를 '과학주의와 합리주의와 법치'와 구분할 줄 알고 전자가 아니라 후자가 근대화의 원동력이라는 점을 깨달으면서 우리사회에서도 그런 조짐이 보이기 시작한다. 그러나 부처님의 가르침을 전하려고 할 때 이런 조짐이 도움이 되는 것만은 아니다. 근대화의 두 가지 그림자, 물질주의와 쾌락주의는 불교에 대해서도 위협적이다.

현대판 짜르와까들은 묻는다. 우리가 윤리적이고 도덕적이야 하는 이유는 무엇인가? 내생에 불행을 겪지 않기 위해서? 그렇다면 죽은 후 내생은 있는가? 윤회를 증명할 수 있는가? 이에 대해서 이웃종교에서 그러하듯이 "그냥 믿어라."고 대답할 수만은 없다. 불교는 '맹신의 종교'가 아니라 배우고[聞], 따져 본 후[思], 실천하는[修] '문사수의 종교'다. 불교를 신행하기 쉽지 않은 이유가 이에 있기도 하지만, 이런 과정을 거친 수행자는 그 어떤 외풍에도 흔들리지 않는다는 장점이 있다. 현대사회에서 불교를 배우고, 연구하고, 전하는 모든 사람들을 가로막고 선 두 개의 큰 산, 물질주의와 쾌락주의를 극복하기 위해서는 자연과학과 대립할 것이 아니라, 자연과학의 언어로 불교를 설명할 수 있어야 할 것이다.

10. 윤회의 가르침 - 삼계와 육도

불교의 두 축은 윤회와 해탈이다. 윤회는 모든 생명체가 살아가는 모습이고 해탈은 불교수행의 목표다. 윤회에서 벗어나는 것을 해탈 또는 열반이라고 부른다. 만일 고대 인도의 순세파나 현대의 유물론 자들의 주장과 같이 죽으면 모든 것이 끝이고 내생이 없다는 것이 확실하다면 해탈을 지향하는 불교수행은 무의미할 것이다. 어떤 생 명체든 죽으면 반드시 다시 태어나게 마련이고, 그렇게 태어나 살아 가야 하는 생명의 세계는 궁극적으로는 괴로운 곳이다. 다시 태어나 지 않으려면 삼독의 번뇌를 제거하여 윤회의 세계에 대한 애착을 버리고, 자비희사의 사무량심을 닦아서 다른 생명체에 대한 연민의 마음을 길러야 한다. 만일 윤회가 없다면 순세파에서 가르치듯이

'남에게 빌린 돈으로 호의호식하면서 살다가 눈을 감는 것'이 가장 바람직할 것이다. 그러나 부처님께서는 윤회를 보셨고 윤회를 가르치셨다. 보리수 아래에서 열린 세 가지 신통력 가운데 숙명통과 천안통은 윤회에 대한 통찰이었고 누진통은 해탈과 열반의 자각이었다.

혹자는 "윤회도 없고 열반도 없다."든지, "지옥이나 천상 모두 우리 마음이 만든 것이다."라는 가르침에 근거하여 윤회를 부정하지만 이는 큰 잘못이다. "윤회와 열반, 지옥과 천상이 모두 없다."는 것은 궁극적 진리인 진제(眞諦)를 표현한 말이다. 지금 내 눈 앞에 확연히 보이는 책상과 같이 지옥도 있고 천상도 있다. 지금 이 순간에 "나도 없고 책상도 없다."면 - 그렇게 통찰할 수 있다면, "윤회도 없고 지옥도 없고 천상도 없다."고 말할 자격이 있다. 그러나 지금 이 순간에 "나도 있고 책상이나 컴퓨터는 있다."고 생각하면서 윤회도 없고 지옥도 천상도 없다고 말한다면 이는 유물론자들의 허무주의, 단멸론에 다름 아니다. 불전의 가르침을 접할 때 범주의 오류(Category mistake)를 범해서는 안 된다.

초기불전 도처에서 윤회를 가르친다. 윤회의 세계는 삼계(三界) 또는 육도(六道)로 구분된다. 삼계는 욕계(欲界), 색계(色界), 무색계(無色界)인데 이 가운데 색계는 동물적 욕망과 분노를 버리고 계율을 잘 지키면서 선(禪) 수행을 하거나 자비희사(慈悲喜捨)의 사무량심(四無量心)을 닦는 수행자가 태어나는 하늘나라인데 초선천(初禪天)에서 제4선천에 이르기까지 네 단계로 되어 있고, 무색계는 정신을 집중하여 특정한 삼매를 성취한 수행자가 그 경지 그대로 2만

겁에서 8만겁 동안 머무는 네 군데의 하늘나라다. 욕계는 남녀나 암수와 같은 성(性)이 있는 곳으로 이곳 인간계를 포함하여 아수라와 육욕천(六欲天) 그리고 아귀, 축생, 지옥의 여섯 세계로 이루어져 있다. 육욕천은 '남녀의 성이 있는 여섯 하늘나라'라는 뜻으로 우리와 가까운 곳부터 나열하면 ①사대왕중천, ②도리천, ③야마천, ④도솔천, ⑤화락천, ⑥타화자재천의 여섯 곳이다. 아수라는 천상에 살다가 지상으로 추락한 악신으로 싸움을 좋아하여 육욕천과 전쟁을 벌인다. 아귀(餓鬼)는 산스끄리뜨어 쁘레따(Preta)의 번역어로 원래 의미는 '돌아가신 분'으로 귀신에 다름 아니지만 '먹는 습(習)'이 강하기에 배고플 '아(餓)'자를 덧붙여서 한역하였다. 축생에는 들짐승과 가축이 모두 포함되며, 지옥은 '삶과 죽음을 되풀이 하며 고통 받는 등활지옥'에서 '쉴 틈 없이 고통 받는 무간지옥' 등 그 종류가 갖가지이다. 무색계천에서 무간지옥에 이르기까지 모두 윤회의 세계일뿐이며 하늘나라든 인간계든 그 어디에도 태어나지 않는 것이 불교수행에서 추구하는 해탈이다. 인간계를 포함하여 생명체가 살고 있는 모든 곳, 윤회의 세계에 대한 조망을 갖추어야 해탈의 의미가 분명해진다.

11. 마음의 정체 - 뇌 속에서 요동하는
한 점 식(識)의 흐름

1990년대 초반부터 신경과학자들은 fMRI(기능성 자기공명 영상장치)를 이용하여 인간의 뇌를 연구하기 시작하였다. 인체의 심부를 촬영하는 기계 가운데 X-Ray는 경조직인 골격의 모습을 촬영하는데 주로 사용된 반면 MRI(자기공명 영상장치)는 장기나 근육, 신경, 뇌, 혈관과 같은 연조직의 모습도 잘 드러내는데, fMRI로 뇌를 촬영할 경우 MRI로 촬영한 영상에 덧붙여 뇌신경 각 부위에 공급되는 혈류의 산소 농도가 영상으로 표시된다. 신경활동이 활발한 곳에서 산소가 많이 소모된다. 따라서 피험자에게 특정한 감각이나 생각, 운동 등의 과제를 부여한 후 fMRI로 그의 뇌를 관찰하면 그 과제를 관장하는 뇌신경이 어느 부위인지 알 수 있는 것이다.

뇌신경의 활동 부위를 측정할 수 있으며, 방사선이 아니라 자기장을 사용하기에 인체에 유해하지 않고, 살아있는 인간의 뇌를 실시간으로 관찰할 수 있으며, 영상정보를 1mm단위까지 정밀하게 드러낸다는 점에서 fMRI를 이용한 뇌 연구는 가히 혁명적이었다. 예를 들어 과거에는 뇌의 후두엽에만 시각중추가 있다고 생각했는데 fMRI로 촬영해 보니 무언가를 볼 때 우반구의 일부 신경들이 활성화 되었다. 공간지각과 관련된 부분이다. 또 fMRI 실험 결과 어릴 때 외국어를 습득하면 모국어와 외국어를 관장하는 신경회로가 중첩되어 형성되는데, 성인이 되어 외국어를 습득하면 모국어를 관장하던 언어중추인 브로카영역 옆에 새로운 신경회로가 형성된다는 점을 알게 되었다.

마음의 정체를 규명하고자 할 때, 이상과 같은 뇌에 대한 연구성과 가운데 유의미한 것은 "신경활동의 질(質)은 뇌 속 신경회로의 위치에 따라 달라진다."는 점이다. 위에서 보았듯이 눈으로 보는 것은 후두엽에, 말하는 것은 전두엽 좌측의 브로카(Broca)영역에 신경회로가 형성된다. 듣고 이해하는 것은 측두엽의 베르니케(Wernicke)영역이 담당한다. 크게 보면 수동적인 감각은 뇌의 후반부에서 담당하고 능동적인 행동이나 사고는 뇌의 전반부에서 일어난다. 어느 한 곳의 신경이 활성화 되면 다른 곳의 신경활동은 쉰다. 무언가를 골똘히 볼 때에는 남의 소리가 잘 들리지 않고, 관심을 갖고 무언가를 들을 때에는 보이는 것이 눈에 들어오지 않는다. 우리의 마음은 한 순간에 한 곳에만 머물기 때문이다. 그림을 그릴 때 선을 긋는 한 점의 붓끝과 같이 우리의 마음은 세상을 그려내는 한 점 식(識)의 흐름이다. 한 찰나 동안 한 곳에만 머무를 수 있다. 마음의 이런 속성을 불교용어로 이심불구기(二心不俱起)라고 부른다. "두 마음이 함께 일어나지 못한다."는 뜻이다. 주관적으로 보면 '한 점 식(識)의 흐름'이 산하대지를 그려내지만, 객관적으로 보면 우리의 뇌 속에서 그에 해당하는 신경회로를 훑고 있다. 깨어있을 때는 뇌의 후두엽과 측두엽을 오가며 외부의 사물을 파악하고, 전두엽으로 건너가 근육의 움직을 촉발하지만, 잠을 잘 때에는 운동영역은 쉬고 감각영역의 이곳저곳을 훑으면서 꿈을 만들어낸다.

불전에서는 이렇게 '명멸하는 한 점의 식'이 세상을 그려내는 과정을 '불 바퀴(旋火輪)'에 비유한다. 불씨를 빨리 돌리면 동그라미가 그려지듯이, 무상한 한 점의 식이 뇌신경 이곳저곳을 점화하면서 세상을 그려낸다. 지렁이든, 개구리든, 참새든, 돼지든, 닭이든 사람이든 그 마음의 본질은 같다. 한 점 식의 흐름일 뿐이다. 다만 감관의 질과 몸의 크기가 달라서 다른 체험을 할 뿐이다.

12. 윤회의 논증 - 자유의지가 있다면 윤회는 가능하다.

    우리의 마음은 마치 선화륜(旋火輪)과 같이 '뇌 속의 이곳저곳을 훑는 한 점 식(識)의 흐름'이다. 마음이 '거울'과 같다거나 '등불'과 같다고 비유하기도 하지만, 이는 '명멸하는 한 점의 식'이 세상을 그려낸 이후의 거친(麤) 조망이다. 정밀(細)하게 분석하면 우리의 마음은 한 순간에 한 곳에만 머물면서 계속 흘러간다. 그리고 그 순간을 불교용어로 '찰나'라고 부른다. 위빠싸나 수행은 그렇게 매 순간 명멸하는 한 점 식의 흐름을 좇아가는 '수동적 집중'이다. 식에 대한 수동적 집중을 통해서 "우리의 주의력이 잠시도 한 곳에 머물지 않는다.”는 무상(無常)의 진리를 체득하고, “불변의 자아가 있다는 생각은 허구였다.”는 무아(無我)의 진리를 체득한다. 그 때 세상에 대한 집착과 이기심이 사라지면서 마음이 편안해진다[涅槃寂靜].

위빠싸나는 수동적 집중이지만 일상생활 속에서 우리의 많은 행위는 능동적으로 이루어진다. 그러나 신경과학에서는 우리의 능동적 행위 역시 신경자극에 대한 기계적인 반응일 뿐이라고 해석한다. 요컨대 감각이든 행위든 반사적으로 일어난다는 것이다. 신경과학의 설명을 그대로 신봉한다면 우리는 그저 ‘단백질 기계’일 뿐이다. 태엽을 감으면 걷다가 태엽이 모두 풀리면 멈추는 로봇과 다름없다. 신경과학의 연구성과에 따르면 영혼도 없고, 내세도 없고, 죽으면 모든 것이 끝이다. 고대인도의 순세파의 주장과 같은 지독한 유물론이다. 신경과학 이론에는 마음이나 자유의지를 개입시킬 여지가 없다.

≪순수이성비판≫에서 칸트가 논증하듯이 우리의 모든 행동이 기계적으로 이루어지는 것인지 아니면 우리에게 자유의지가 있는지 이성으로 따져서 알아내는 것은 불가능하다. 그러나 관점을 바꿔보자. 우리는 누구나 자신에게 자유의지가 있다고 생각한다. 자극과 그에 대한 기계적인 반응을 넘어서 무언가를 선택할 수 있다고 느낀다. 물론 우리의 일거수일투족 모두에 자유의지가 작용하는 것은 아니다. 많은 행동들은 기계적으로 일어난다. 혹 자유의지가 있다고 하더라도 그것은 마치 간헐천과 같은 방식으로 작용하면서 일련의 기계적 행동을 촉발할 뿐이다. 그런데 우리에게 자유의지가 있어서 간혹 어떤 순간에 “무엇을 감각할지”, “어떻게 행동할지” 능동적으

로 선택하기도 한다면, 그 순간은 우리의 식(識)이 신경망의 물리화학적 반응의 사슬을 넘어서 뇌세포의 한 곳에서 다른 곳으로 비약하는 순간일 것이다. 주관적으로 보면 이 순간은 '능동적으로 주의력을 이동하는 순간'이다.

이상의 논의에 근거하여 우리는 다음과 같은 가언명제를 작성할 수 있다. "만일 우리에게 자유의지가 있다면, 그런 자유의지가 발휘될 때 우리의 식(識)은 뇌 속의 한 신경세포에서 다른 신경세포로 비약할 것이다." 이를 죽음과 탄생의 순간에 적용해 보자. 우리에게 자유의지가 있어서 식이 뇌 속의 신경세포 사이를 비약할 수 있다면, 죽는 순간 뇌 속의 마지막 신경세포에 머물던 식이 그 세포를 떠나서, 다른 모태의 자궁에 형성된 새로운 수정란 세포로 비약하는 것 역시 가능할 것이다. 다시 말해 환생할 수 있을 것이다. 윤회가 가능할 것이다. '비약'이라는 표현을 사용했지만 어떤 실체가 이동하는 것은 아니다. 불전에서는 '마치 신 과일을 보고서 입에 침이 고이듯이, 거울에 영상이 비치듯이, 한 등불의 불꽃이 다른 심지에 옮겨 붙듯이, 소리를 지를 때 메아리가 생기듯이 …' 환생이 일어난다고 설명한다. 불전의 가르침과 위빠싸나 수행과 뇌과학 이론을 종합하여 가언명제로 윤회를 논증해 보았다.

13. 인신난득(人身難得) - 어디서 무엇이 되어 다시 만나랴

아인슈타인이 '우주 종교'라고 극찬했듯이 불교의 많은 가르침은 현대의 과학이론과 크게 다르지 않다. 불교의 우주론이 그렇고, 불교의 생명관이 그렇다. 그런데 수학적으로 어림짐작해 보아도 너무나 타당한 가르침이 한 가지 있다. 인신난득, 즉 "사람으로 태어나기 힘들다."는 가르침이다. 여기서 말하는 수학은 '확률론'이다. ≪잡아함경≫에서는 부처님께서 맹구우목(盲龜遇木)과 조갑상토(爪甲上土)의 비유를 들어서 인신난득을 가르치신다.

맹구우목이란 '눈먼 거북이가 나무판자를 만남'이란 뜻인데, 부처님께서는 '인간이 죽은 후 다시 태어날 때 인간의 몸을 받을 확률'은, '온 땅덩이가 바다로 변했을 때 수명이 무량겁인 눈먼 거북이가 바다 밑을 헤엄치다가 숨을 쉬기 위해서 100년에 한 번씩 물 위로 올라오는데 우연히 그곳을 떠다니던 나무판자에 뚫린 구멍에 목이 낄 확률'보다 더 작다고 가르치신다. '눈 뜬 거북이'라면 그 나무판자를 겨냥해서 물위로 올라올 수 있기에 판자구멍을 찾아 목을 들이밀 수 있을 것이다. 그러나 눈먼 거북이가 태평양 같은 바다에서 여기저기 떠다니는 한 장의 나무판자를 만나서 그 구멍에 목을 넣기는 거의 불가능할 것이다. 그런데 인간으로 태어날 확률은 그보다 더 작다.

조갑상토란 '손톱 위의 흙'이란 뜻이다. 하루는 부처님께서 손톱 위에 흙을 퍼 올려놓고서 이 흙과 대지의 흙 가운데 어떤 것이 더 많은지 비구들에게 물으셨다. 너무나 당연한 대답이겠지만 스님들은 대지의 흙이 훨씬 많다고 아뢰었다. 그러자 부처님께서는 사람으로 살다가 인간계나 하늘나라에 태어나는 자는 손톱 위의 흙과 같이 적고 아귀나 축생, 지옥 등 인간계 아래에 태어나는 자는 대지의 흙과 같이 많다고 가르치셨다. 현재 전 인류의 수는 70억에 가깝다고 한다. 그런데 맹구우목과 조갑상토의 가르침에 비추어 보면, 70억 인류 가운데 전생에 사람이었던 자는 거의 없고, 내생에 다시 사람으로 다시 태어날 자는 거의 없다. 참으로 무서운 가르침이지만, 생물학적 지식을 동원하여 곰곰이 생각해 보면 너무나 당연한 사실이다.

나의 지금 이 몸은 원래 1/10mm도 안 되는 한 점의 수정란이었다. 어머니의 자궁 속 수정란이 풍선처럼 부풀어서 지금의 이 몸으로 자란 것이다. 인간을 포함한 모든 동물들은 이런 작은 수정란에서 현생의 삶을 시작한다. 불전의 십이연기설(十二緣起說)에서는 죽은 중음신이 수정란에 반영되어 잉태되는 과정을 "식(識)에 의존하여 명색(名色)이 있다."거나 "식이 입태(入胎)하여 명색이 자라난다."고 표현한다. 인간이나 짐승, 새나 곤충, 벌레나 물고기는 그 크기와 외형이 각양각색이지만 그 출발점인 수정란의 모습은 다르지 않다. 유전자를 갖는 세포핵과 원형질로 이루어진 단세포일 뿐이다. 그런데 어떤 세포는 자라서 새가 되고 어떤 것은 물고기가 되고, 어떤 것은 모기나 파리, 개미나 벌이 되고, 어떤 것은 송아지나 돼지, 강아지가 되고 어떤 것은 인간이 된다. 인류의 수가 70억이라고 하지만 이는 매일매일 지구상에서 형성되는 온갖 생명체들의 수정란 수와 비교하면 태평양에 떨어진 기름 한 방울 정도의 양도 안 될 것이다. 그래서 인신난득이다. 어떤 유행가에서는 "나는 다시 태어나도 당신만을 사랑하리라."고 읊조리지만 이는 거의 불가능한 일이다. 지구상의 생명체의 수도 그런데, 불전에서는 삼천대천세계에 온갖 생명체가 가득하다고 가르친다. 화가 김환기가 그림으로 표현한 김광섭의 시구 "어디서 무엇이 되어 다시 만나랴?"가 가슴을 저민다.

14. 하늘나라의 괴로움

현생에는 인간으로 태어났지만 속물처럼 살아갈 경우 내생에 다시 인간으로 태어날 확률은 거의 없다. 부처님 가르침에 비추어 보아도 그렇고, 생물학 지식을 동원하여 어림짐작해 보아도 그렇다. 속물처럼 살아간다는 것은 화내고 질투하고 거만하고 거짓말을 입에 달고 사는 것을 의미한다. 악행의 근원인 '탐욕과 분노와 어리석음'의 삼독(三毒) 가운데 탐욕이 강하면 내생에 아귀가 되고 분노가 많으면 지옥에 태어나며 어리석으면 축생이 된다고 한다. 여기서 말하는 어리석음은 '삿된 종교[邪見]'에 현혹되는 '종교적 어리석음'을 의미한다. 인생과 세계에 대해서 스스로 통찰하지 못하고 자신의 주인만 믿고 따르는 가축의 어리석음과 다를 게 없다. 설혹 양순(良

順)해도 삿된 종교를 신봉하며 사는 것 역시 속물의 삶이다.

불전에 의하면 남에게 많이 베풀고[布施] 고결하게 살아가는[持戒] 극소수의 사람들만 내생에 하늘나라에 태어난다고[生天] 한다. 그런데 하늘나라에 태어나는 것이 불교신행의 궁극적 목표는 아니다. 왜냐하면 하늘나라에도 괴로움이 있으며 영원한 곳이 아니기 때문이다. ≪보리도차제론≫에서는 하늘나라에 다음과 같은 세 가지 괴로움이 있다고 설명한다.

첫째는 '공포의 괴로움'이다. 계율을 잘 지키고 남에게 많이 베푸는 등 선업을 쌓아서 하늘나라에 태어났지만, 전생에 나보다 더 많은 선업을 쌓았기에 하늘나라에서 높은 지위에 오른 천신 때문에 공포의 괴로움을 겪는다는 것이다. 비유하면 유망한 대기업에 입사한 신입사원이 월급을 많이 받기에 남들의 부러움을 사지만, 회사 내에서는 말단 사원이기에 과장, 부장, 사장과 같은 직장상사의 위세에 눌려서 두려움 속에 사는 것과 같다.

둘째는 '죽음의 괴로움'이다. 인간으로 살면서 공덕을 많이 지었기에, 죽은 후 천신이 되었지만, 하늘나라에서 행복을 누리면서 전생에 쌓았던 복덕이 모두 소진된다. 비유하자면 열심히 돈을 벌어서 은행에 저금을 한 다음에, 그 저금한 돈을 쓰면서 즐기고 살다가 저축액이 바닥나는 것과 마찬가지다. 전생에 자신이 쌓았던 선업의 과보가 모두 탕진되면 천신은 하늘나라에서 죽음을 맞는다. 천신에게는 신통력이 있기에 죽기 전에 자신의 다음 생을 짐작한다고 하는데 천신이 죽으면 대개는 아귀나 축생으로 태어난다는 것이다. 남은 복덕이 거의 없기 때문이다. 자신의 비참한 내생을 알기에 천신이 죽을 때 겪는 괴로움은 인간의 그것보다 더 극심하다고 한다.

셋째는 '찢기고 살해당하는 괴로움'이다. 욕계의 하늘나라인 육욕천에 있는 천녀(天女)들은 원래 아수라천에 살던 여신들을 납치해온 것이라고 한다. 아수라들이 이를 되찾기 위해서 전쟁을 벌이면 천신들이 나가서 싸워야 하기에 몸이 찢기고 살해당하는 고통을 겪는다는 것이다. 신화적인 얘기지만 이성에 대한 욕망을 완전히 끊지 못한 이상 투쟁의 괴로움 속에 산다는 교훈을 담고 있다.

또 하늘나라가 영원하기 바라지만 이는 희망사항일 뿐이다. 상대적인 행복은 곧 무의미해지기 때문이다. 좋은 음식을 처음 먹을 때는 참으로 행복하지만, 그것만 먹고 살면 괴롭다. 오래 서 있으면 앉고 싶고, 오래 앉으면 눕고 싶지만, 오래 누워있으면 다시 서고 싶은 마음이 난다. 비교를 통해서 보다 큰 행복을 찾다보면 다시 원점으로 돌아온다. 바퀴처럼 돌아가는 윤회(輪廻)다. 이런 통찰이 철저해질 때 비로소 '하늘나라를 포함한 윤회의 세계'에서 완전히 벗어나는 '절대적인 행복'을 희구하게 된다. 불교의 깨달음, 열반이다.

15. 깨달음의 사회화 - 불이중도의 사회적 실천

불전에서는 생명체가 윤회하는 세계를 '욕계, 색계, 무색계'의 삼계 또는 '지옥, 축생, 아귀, 인간, 아수라, 하늘나라'의 육도로 구분하는데, 이 가운데 그 어떤 곳에 태어나도 결국 괴로움을 면치 못한다는 사실을 자각할 때 우리는 비로소 "그런 윤회의 세계에 다시는 태어나지 않겠다."는 굳은 결심으로 진정한 불교수행의 길을 가게된다. 윤회에서 벗어나려면, 이런 생명의 세계에 다시 태어나고 싶은 마음이 사라져야 한다. 이를 위해서는 내가 살아가는 이 세계에 대해 맺힌 '한(恨)'이 모두 풀려야 한다. '한'이란 삼독(三毒)이라고 불리는 '탐, 진, 치'의 번뇌에 다름 아니다. 재물이든, 이성(異性)이든, 명예든, 권력이든 아직 이루고 싶은 욕망[貪]이 남아 있고, 질투와 시샘, 증오와 분노 등 아직 풀어버리지 못한 원한[瞋]이 남아 있으며, 나와 세계, 인생과 우주, 삶과 죽음에 대한 종교적 철학적 의문[痴]이 남아 있는 한 해탈은 요원하다. 내생에 그런 삼독심의 원천인 '고기 몸'을 갖고 이 세상에 다시 태어난다. 그 어떤 불교수행이든 요점은 '삼독의 한(恨)'을 씻어내는 데 있다.

우리 불교계의 전통적 수행법인 간화선에서는 1차적인 '깨달음'을 견성(見性)이라고 부른다. "견성 후에 보림한다."든지 "견성 후에 습기를 제거한다."는 선가(禪家)의 격언에서 보듯이 견성은 수행의 완성이 아니라 시작이다. 탐진치의 삼독을 완전히 제거하기 위한 첫걸음이다. 견성이란 견불성(見佛性)의 준말로 "불성을 본다."는 뜻인데, 불성은 곧 '중도'를 의미한다. 간화선 수행에서 화두로 삼는 '구자무불성(狗子無佛性)'의 '무'자는 "없다[無]."는 뜻도 아니고, "있다[有]."는 뜻도 아니며, "있으면서 없다[有無]."는 뜻도 아니고, "있지도 않고, 없지도 않다[非有非無]."는 뜻도 아니다. 간화선 수행자는 이런 4구(句)를 경계하면서 중도(中道)로 마음을 몰고 간다. 그리곤 화두가 터진다. 중도를 자각하는 것이다. 중도인 불성을 보는 것이다. 견성의 순간이다.

견성은 '중도의 자각'이다. 요새 말로 풀면 중도는 '탈이분법(脫二分法)'이다. '이분법에서 벗어난 불이(不二)의 마음'이다. 바로 부처님의 마음이다. "삶과 죽음이 다르다."고 분별하기에 "나는 살아있다."는 착각 속에서 죽음에 대해 번민하였다. 그러나 불이의 중도를

자각할 경우, 삶과 죽음이 다르지 않음을 철견(徹見)하기에 죽음에
대한 망상이 사라진다. 치심이 해소되는 것이다. "나와 남이 다르
다."고 선을 긋기에 남의 불행을 방관한 채 이기적으로 살아갔다.
그러나 불이중도(不二中道)를 체득한 수행자에게는 동체대비의 자
비심이 샘솟는다. 나와 남을 구분하는 이분법에서 벗어났기 때문이
다.

　불이중도의 불성을 자각한 불교수행자는, 인지(認知)가 정화되었
기에 죽음에 대한 망상에서 벗어나고, 감성이 정화되었기에 그 마음
에는 이타의 자비심이 가득하다. 다른 생명체의 고통에 대해 무심하
지 않으며, 사회적 차별을 수수방관하지 않는다. 탈이분법의 중도를
자각한 수행자는 생(生)과 사(死)의 이분법을 타파했기에 종교적 번
민에서 해방되고, 자타(自他)의 이분법이 사라졌기에 지치고 어려운
이웃을 향하여 동체대비의 감성을 실천한다. 사회적으로는 빈부의
이분법이 극심해지지 않도록 권력과 금력의 횡포를 감시하고 견제
한다. 아울러 우리 사회에서 종교와 종교 사이에 진하게 그어진 '구
분의 선(線)'을 지우는 일 역시 탈이분법의 중도불성을 추구하는 우
리 불교인들이 앞장서서 이루어야 할 시급한 과제 가운데 하나다.
깨달음의 사회화 – 불이중도의 사회적 실천이다.

16. 불이중도와 인의예지

불교수행의 목표인 탈이분법(脫二分法)의 불이중도(不二中道)는 다른 종교나 성인의 가르침에서도 찾을 수 있다. 맹자가 제시한 인의예지(仁義禮智)의 사단(四端)이나, 예수가 주장한 아가페(Agape)적인 사랑, 그리고 마하트마 간디의 비폭력투쟁 모두 이들이 갖추었던 마음속 불성, 불이중도의 발현에 다름 아니다.

'우리 마음 깊은 곳의 네 가지 궁극'을 의미하는 사단 가운데 측은지심(惻隱之心)이라고 풀이하는 인(仁)은 '남을 불쌍히 여기는 마음'으로 '자타불이의 자비심'이고, 수오지심(羞惡之心)인 의(義)는 '악을 싫어하는 마음'으로 '사회적 차별을 타파하는 정의감'과 '윤리와 도덕을 지키려는 지계(持戒)의 마음'이며, 사양지심(辭讓之心)의

예(禮)는 '남을 먼저 배려하는 마음'인 하심(下心)에 해당한다. 나와 남의 구분을 지우고, 강자와 약자의 차별을 타파하는 탈이분법의 실천이다. 그리고 시비지심(是非之心)인 지(智)는 '옳고 그름을 가르는 마음'으로 반야지혜에서 비롯한 묘관찰지(妙觀察智)의 분별이다.

사단(四端) 가운데 우리 불교인들에게 특히 교훈이 되는 내용은 수오지심의 의(義)와 시비지심의 지(智)다. 불이중도를 추구하는 불교인들이라면 나의 악행을 멀리 하는 지계의 마음뿐만 아니라, '사회적 차별을 타파하는 정의(正義)의 마음' 역시 갖추어야 한다. 약자가 강자를 억압하거나 빈부의 차이가 극심해질 때, 탄압과 차별의 이분법을 타파하기 위해서 사회현실에 적극 개입한다. 어려운 이웃을 보듬고 강자의 횡포에 맞선다. 부처님 당시의 승단은 사회와 분리되어 운영되었다. 사회법의 지배를 받지 않고 승가법인 율(律)에 의해서 독자적으로 운영되었다. 앙굴리말라와 같은 살인자라고 하더라도 발심 출가하여 승가의 일원이 되면 사회법으로 처벌하지 않았다. 한편 사회현실에 대해서도 승단은 적극적으로 개입하지 않았다. 석가족을 능멸하려는 비유리왕을 저지하기 위해 마른 나무 그늘에 앉아 계셨던 부처님의 모습에서 수오지심의 사회적 발현을 볼 수 있지만 이는 소극적 질타였다. 승가를 사회로부터 분리하여 운영한 것은 약육강식의 투쟁을 통해서 탄생하는 정치권력으로부터 승단을 오래 보존하기 위한 석가모니 부처님의 묘책이었다. 그러나 과거와 달리 현대사회에서 승가법인 율은 사회법의 지배를 받는다. 승단의 일원이 되어도 사회법의 제약에서 벗어나는 것이 아니다. 현대사회에서 사회법은 승가법이기도 하다. 탈이분법의 중도불성을 추구하는 우리 불교인들이 불의를 시정하고 차별을 타파하며 사회정의를 구현하기 위해서 적극 나서야 하는 이유가 이에 있다.

또 불교에서 추구하는 궁극적 지혜(智慧)인 반야의 공성은 옳고 그름을 넘어서지만 그것이 현실 속에서 발현될 때에는 '옳고 그름에 대한 절묘한 분별'로 나타난다. 이는 맹자가 말하는 '시비지심'의 지(智)이며 '승단의 규범집'인 율장(律藏)에는 이렇게 시비를 가르는 부처님의 가르침이 가득하다. 율이란 무차별의 지혜인 반야의 공성을 체득하신 부처님께서 제정하신 분별과 차별의 행동규범들이다. 불이중도를 체득할 경우 그 통찰은 무차별하지만, 그 실천은 분별적이다. 철저하게 시비를 가르고 주어진 상황에 맞추어 최상의 정책을 고안한다. 유식학에서 말하는 묘관찰지의 분별이다. 반야지혜가 열린 사람, 공성의 지혜를 체득한 사람은 '분별없이 살아가는 사람'이 아니라 그 어떤 사안에 대해서든 매 순간 '최상의 분별'을 할 줄 아는 사람이다. 율장의 부처님이 그러셨듯이 ….

비유리왕의 석가족 침공을 저지하시는 부처님

이렇게 더운 날에, 어째서 그늘 없는 나무 아래 앉아 계시옵니까? 대왕이여, 친족의 그늘은 서늘하니라.

17. 양질의 복전 되기 - 가장 불교적인 사회참여

  많은 사람들은 불교가 이웃종교에 비해서 사회복지에 소극적이었다고 말하지만 그것은 오해다. 예로부터 우리나라의 사찰은 사회복지시설의 역할을 해 왔다. 다만 간판을 걸지 않았을 뿐이다. 자식 없는 노인, 부모 잃은 아이 모두 사찰에서 거두었다. 사찰은 "베푼다."는 티를 내지 않고 가족처럼 살아가는 '진정한 사회복지 시설'이었다. ≪금강경≫에서 가르치는 '무주상(無住相)의 정신'을 실천하는 모든 이들의 안식처였다. 최근 들어 불교계에서 운영하는 사회복지시설의 수가 급격히 늘어나고 있다. 바람직한 현상이지만 서구식 '간판 문화'가 '무주상의 미덕'을 훼손해서는 안 될 것이다.

≪대품반야경≫에 대한 용수 보살의 주석서인 ≪대지도론≫에 의하면 "축생에게 보시할 경우 보시물이 100배로 되어 내게 돌아오고, 악인(惡人)에게 보시할 경우 1,000배가 되어 돌아오며, 선인(善人)에게 보시할 경우 10만배가 되어 돌아오고, '욕심을 버린 분[離欲人]'에게 보시할 경우 10억만배가 되어 돌아오며, 수다원, 사다함, 아나함, 아라한 등의 성인들에게 보시할 경우 무량한 복이 되어 돌아온다."고 한다. 예를 들어 비록 짐승이라고 해도 그에게 한 끼의 밥을 줄 경우, 내생에 내가 100끼의 밥을 먹을 공덕이 쌓인다는 것이다. 또 짐승보다는 인간, 인간 중에서는 착한 사람, 착한 사람 가운데 출가하신 스님, 스님 가운데 보다 고결하고 도(道)가 높은 분에게 시주물을 올릴 경우 그 공덕이 크다고 한다. 이런 가르침에서 보듯이 '보시'는 받는 자에게 이익과 행복을 주기도 하지만, 사실은 베풀고 시주하는 자에게 돌아오는 이익이 더 크다. 그래서 출가하신 스님을 '복전(福田)'이라고 부른다. 재가불자들이 '복을 받기 위해서 공덕의 씨앗을 뿌리는 밭'이란 뜻이다.

굶주리고 아프고 다친 자에게 먹을 것을 주고 보살피는 것이 '보시의 이타행'이긴 하지만 그것이 이타행의 전부가 아니다. 한 끼의 밥을 주면 한 끼의 주린 배를 채워줄 뿐이다. 불교적으로 볼 때 가장 강력한 이타행은 '내가 양질(良質)의 복전이 되어 시주물을 받아주는 것'이다. '양질의 복전'이란 '지극히 선하고, 고결하며, 슬기로운 불자'가 되는 것이다. 이왕이면 수다원 이상의 성자가 되면 좋을 것이다. 시주자에게 무량한 복을 줄 수 있기 때문이다. 수다원은 범어 슈로따빤나(śrota āpanna)의 음사어로 입류(入流) 또는 예류(預流)라고 한역된다. 성자의 흐름에(śrote) 들어온 자(āpanna)라는 뜻이다. ≪청정도론≫에서는 갠지스 강에 들어가면 언젠가 반드시 바다에 도달하듯이 수다원 이상의 성자가 되면 언젠가 반드시 아라한의 지위에 오르는 '불퇴전의 경지'라고 풀이한다. '탐, 진, 무명, 만, 의, 유신견, 계금취견, 변집견, 견취견, 사견'의 열 가지 근본 번뇌 가운데 '의(疑)'와 '유신견(有身見)'과 '계금취견(戒禁取見)'의 세 가지 번뇌를 제거한 성자가 수다원이라고 한다. '의'란 '불교에 대한 의심'이며, '유신견'은 내가 있다는 생각이고, '계금취견'은 '삿된 종교의식을 바른 것으로 착각하거나 불교의 계율만으로도 해탈이 가능하다고 착각하는 것'을 의미한다. 깨달음의 종교인 불교에 대한 믿음이 투철할 경우 '의'와 '계금취견'이 사라진다. 따라서 수다원이란 '무아(無我)를 통달하고 불교에 대한 확고한 신념을 갖는 성자'라고 요약된다.

내가 이런 성자가 되어 보시물을 받아줄 때 시주자에게는 미래와 내생을 위한 무량한 공덕이 축적된다. 남에게 한 끼 밥을 주면 그의 주린 배를 단 한 번 채워줄 뿐이지만, 내가 양질의 복전이 되어 한 끼의 밥을 받아 주면 그의 마음에 무량한 공덕이 쌓이게 한다. 부처님 당시도 그랬지만, 지금까지 남방 불교계에서 계승되고 있는 스님들의 가장 불교적인 사회참여 방식이다. 불교적으로 볼 때 사회복지 시설을 세우는 것은 차선(次善)의 이타행이다. 최선의 사회참여는 내가 시주자에게 무량한 복을 줄 만한 '양질의 복전'이 되는 것이다.

18. 수계의 융통성

불자와 비불자를 가르는 기준은 수계 여부에 있다. 가장 근본적인 계는 삼귀의계다. 부처님과 가르침과 스님들, 즉 불법승의 삼보를 믿고 의지하겠다는 다짐이다. 삼귀의계를 수지하는 것만으로도 일단 불자가 된다. 그리고 이에 덧붙여 오계를 수지할 수 있다. 오계란 "산 것을 해치지 않겠다."는 불살생계, "남의 것을 훔치지 않겠다."는 불투도계, "삿된 음행을 하지 않겠다."는 불사음계, "거짓말을 하지 않겠다."는 불망어계, "술을 마시지 않겠다."는 불음주계의 다섯 가지 윤리지침이다. 일반적으로 재가불자를 위한 수계식에 참석할 경우 이런 오계를 받게 되는데, 불자가 되고 싶어도 이런 다섯 가지 윤리지침을 다 지킬 수 없을 것 같아서 망설인다는 사람들이 적지 않다.

그런데 ≪대지도론≫이나 ≪우바새계경≫에서는 이렇게 망설이는 사람을 위해서 융통성 있는 수계법을 제시한다. 오계 가운데 자신이 지킬 수 있는 계만 선택적으로 받아도 된다는 것이다. 물론 오계 모두를 수지하는 것이 가장 바람직하다. 그러나 복잡다단한 현대사회 속에서 참으로 다양한 직업을 갖고 살아가기에 오계 모두를 지키기는 쉽지 않다. 자신의 직업 때문에 오계를 모두 지킬 자신이 없으면 몇 가지만 받아 지녀도 된다. 오계 가운데 네 가지 계만 받는 사람을 다분행자(多分行者)라고 부르고, 둘 내지 세 가지 계만 받는 사람은 소분행자(少分行者), 한 가지 계만 받는 사람은 일분행자(一分行者)라고 부른다. 그리고 오계 모두를 받아 지니는 사람은 만행자(滿行者)라고 부른다.

예를 들어서 오계 가운데 살생, 투도, 사음, 음주의 네 가지 죄업은 금할 자신이 있는데, 장사를 하기에 가끔 "밑지고 판다."는 거짓말을 해야 할 경우 불망어계를 받지 않으면 된다. 네 가지 계만 지키는 다분행자다. 또 생선 횟집을 운영하기에 매일매일 살생을 해야 하고, 손님이 권하는 술도 한 잔 마셔야 하지만, 투도와 사음과 망어의 세 가지 악행은 절대 하지 않을 자신이 있다면 불살생계와 불음주계를 받지 않으면 된다. 두세 가지 계를 지키는 소분행자다. 다른 것은 다 지킬 자신이 없어도 배우자에 대한 신의를 어길 수 없기에 불사음계 하나만 다짐한 사람은 일분행자다.

또 오계 모두를 받아 지키는 만행(滿行)의 재가불자 가운데, 불교수행이 무르익어서 자신의 배우자와도 음행을 하지 않겠다는 다짐을 하는 사람이 있을 수 있다. 독신 수행하시는 스님처럼 살겠다는 다짐이다. 이런 사람들은 오계의 수계의식이 모두 끝난 후 계사 앞으로 나아가서 "앞으로 저의 배우자와도 음행을 하지 않겠습니다." 라고 다짐을 하면 된다. 이런 사람을 단음행자(斷婬行者)라고 부른다. 직접적인 음행이든 플라토닉러브든 음욕을 끊지 못한 재가자가 오를 수 있는 최고의 경지는 사다함이다. 사다함은 사끄리드아가민(sakṛdāgamin)의 음사어로 일래과(一來果)라고 번역된다. 아직 음욕을 끊지 못했기에 내생에 한 번 더 욕계에 태어나서[一來] 음욕을 정화해야 하기에 일래라고 부르는 것이다. 재가자도 아나함이나 아라한의 경지에 오를 수 있다. 그러나 이는 음욕을 끊은 재가불자에 한한다. 유마거사나 이통현 장자, 방거사 등 재가의 스승 모두 단음행자였을 것이다.

재가불자가 되기 위한 수계의 스펙트럼은 참으로 다양하다. 가장 간단한 삼귀의계에서 일분행자, 소분행자, 다분행자, 만행자, 그리고 단음행자의 수계까지 …. 이 가운데 어떤 단계의 불자가 될 것인지 내 가슴에 손을 얹고 나 스스로 선택할 일이다.

19. 단주에 새길 글귀 - 삼귀의, 십선계, 육바라밀

염주를 수주(數珠)라고도 부른다. 염송(念誦)의 회수를 세는 데 사용하기 때문이다. 일반적으로 108염주를 많이 사용한다. 불보살의 명호나 다라니를 염할 때, 혹은 삼귀의를 다짐하면서 구슬을 한 알씩 넘겨서 다시 처음의 매듭으로 돌아오면 108번을 염한 것으로 계산된다. 염주를 돌리면서 삼귀의를 다짐하면 번뇌가 소멸하고 불행을 예방하며, 부처님의 명호를 염하면 각종 불국정토나 하늘나라에 태어난다고 한다. 염주의 의미와 사용방법 등에 대해 설명하는 ≪목환자경(木槵子經)≫에서는 구슬의 수가 108알이 되어야 한다고 설하지만 ≪수주공덕경(數珠功德經)≫에 의하면 54알이나 27알이나 14알의 염주도 사용 가능하다고 한다. 108염주에서 반씩 줄여나가는

것이다. 54알 이하의 구슬로 만든 짧은 염주를 단주(短珠)라고 부른
다.

　불교와 힌두교는 물론이고 셈족의 종교에서도 염주를 사용한다.
로마가톨릭이나 동방정교회 또 영국 성공회나 이슬람교에서는 묵주
(黙珠)라고 부르는데 그 모두 원래 인도에서 유입된 것이라고 한다.
산스끄리뜨어로 염주를 '자빠말라(japamāla)'라고 한다. '자빠(japa)'
는 '염송'이나 '염송하는 사람'을 의미하고 '말라(māla)'는 '목걸이'나
'화환'을 의미하기에 자빠말라는 '염송을 위한 목걸이'라고 직역된
다. 그런데 유럽으로 염주가 들어올 때 '자빠'의 산스끄리뜨 표기에
서 착오가 생겼다고 한다. '빠'를 길게 잘못 발음하여 'japā'라고 오
기했다는 것이다. 산스끄리뜨의 'japā'는 '장미(Rose)나무'다. 그래서
원래는 '염송을 위한 목걸이'를 뜻하는 자빠말라를 유럽인들은 '장미
나무로 만든 목걸이'라고 오해하였고 그 이름을 로사리오(Rosario)'
라고 불렀다. 로사리오는 '장미나무 정원'을 뜻하는 라틴어 로사리움
(Rosarium)에서 유래한다. 후대의 가톨릭교도들은 로사리오의 장미
를 성모마리아와 연관시켜서 새로운 의미를 부여하였지만 지금도
장미나무로 만든 묵주를 최상품으로 친다. 그 유래나 어원이 어찌
되었든 동서를 막론하고 염주는 기도를 위한 유용한 종교의식구로
사용되어왔다.

　《수주공덕경(數珠功德經)》에서 가르치듯이 단주의 경우 54, 27,
14알로 엮어 만들어 염송을 위해 사용하는 것이 원칙이지만 요즘에
는 다양한 알 수의 단주가 사용되며 많은 사람들은 불자의 표식으
로 단주를 손목에 차고 다닌다. 그런데 불자와 비불자를 가르는 기
준은 삼귀의 여부에 있다. '부처님과 가르침과 스님'의 삼보에 대한
지극한 믿음을 다짐하는 삼귀의계(三歸依戒)를 지니면 불자이고 그

렇지 않으면 불자가 아니다. 이런 삼귀의계에 덧붙여 오계나 십선계(十善戒)를 받아 지니면 보다 성숙한 불자가 된다. 그리고 대승불교도에게는 보살의 실천덕목인 육바라밀계(六波羅蜜戒)의 다짐이 추가된다. 삼귀의계와 십선계와 육바라밀계의 열아홉 가지 '다짐'들을 실천하면서 고결하게 살아갈 경우 모든 불자들의 삶은 보다 행복해질 것이다. 그런데 이런 열아홉 가지 '다짐'들을 잊지 않기 위한 가장 좋은 방법은 이를 단주에 새기는 것이라고 생각된다. '귀의불(歸依佛), 귀의법(歸依法), 귀의승(歸依僧)'의 삼귀의계, '불살생(不殺生), 불투도(不偸盜), 불사음(不邪淫), 불망어(不妄語), 불양설(不兩舌), 불악구(不惡口), 불기어(不綺語), 불탐욕(不貪慾), 부진에(不瞋恚), 불사견(不邪見)'의 십선계(十善戒), '보시도(布施度), 지계도(持戒度), 인욕도(忍辱度), 정진도(精進度), 선정도(禪定度), 반야도(般若度)'의 육바라밀계의 열아홉 가지 다짐을 염주 알에 새긴다. 그리고 그 모두를 묶어서 매듭을 짓는 큰 구슬에는 '호계주(護戒珠)'라는 이름을 새긴다. 모두 스무 알로 이루어진 단주다. 불자들이 이런 호계주를 굴리면서 열아홉 가지 다짐을 염송하고 실천하며 맑은 연꽃과 같이 살아갈 때 부처님나라가 그리 멀지 않을 것이다.

20. 보시바라밀 - 나도 모르는 무주상의 보시

대승불전에서는 보살의 실천덕목으로 육바라밀(六波羅蜜)을 든다. "부처님의 전생인 보살과 같이 살아가겠다."고 서원을 한 후 3아승기 100겁이라는 무한한 세월을 윤회하면서 성불의 그날까지 보시바라밀, 지계바라밀, 인욕바라밀, 정진바라밀, 선정바라밀 그리고 반야바라밀의 삶을 살아가는 것이다. 바라밀이란 산스끄리뜨어 '빠라미따(pāramītā)'의 음사어로 직역하면 '저 멀리 건너감'을 의미한다. '도(度)' 또는 '도피안(度彼岸)'이라고 한역하기도 한다. '저 멀리'에 부처의 경지가 있다. 보살은 언제나 깨달음을 추구하고 항상 남을 돕고 살지만 성불이라는 목표에 조급해하지 않는다. 보살도는 '무한한 과정적 수행'이다. 보살도의 기간이 3아승기 100겁이라는 상상을 초월한 기간으로 설정된 이유가 이에 있다.

육바라밀에서 말하는 여섯 가지 덕목 가운데 보시는 재물이나 가르침을 베푸는 것이고 지계는 윤리적, 도덕적 지침을 준수하는 것이며, 인욕은 남의 비방도 참을 뿐만 아니라 칭찬에도 흔들리지 않는 것이고, 정진은 마치 영웅과 같이 적극적으로 부지런하게 수행하는 것이며, 선정은 마음을 한 곳에 모아 가라앉히는 삼매를 의미하고, 반야는 모든 것이 무상하기에 영원한 자아는 존재하지 않는다는 지적(知的)인 통찰이다.

그런데 이러한 여섯 가지 덕목과 육바라밀은 다르다. 예를 들어 '단순한 보시'와 보시바라밀은 다르다. 단순한 보시만으로는 내생에 기껏해야 하늘나라에 태어나는 과보를 받을 뿐 해탈하지 못한다. 단순한 보시는 우리사회에서 일반적으로 얘기하는 '남에 대한 베풂과 봉사와 도움' 등이다. 대승불교에서 가르치는 베풂, 즉 보시바라밀은 단순한 보시가 아니다. 보시바라밀은 무주상(無住相)의 통찰과 동체대비(同體大悲)의 감성이 함께 하는 베풂이다. 무주상의 통찰이란 "보시라는 행위에 실체가 없다."는 공성(空性)의 조망이다. 보시가 성립하려면 '베푸는 자'와 '받는 자'와 '베푸는 물건'의 세 가지 요소가 있어야 하며 이를 삼륜(三輪)이라고 하는데 보시바라밀에는 이것이 모두 공하다는 자각이 함께 한다. 공성의 통찰과 함께 하는 이러한 보시를 '삼륜청정(三輪清淨)의 보시'라고 부른다. 또 보시에 대한 이런 지적인 통찰이 철저해질 때 동체대비의 감성이 솟는다. '도움을 받는 남'과 '도움을 주는 내'가 한 몸이기에 남의 고통이 나의 고통으로 느껴지는 큰 슬픔이다.

《금강경》에서는 보시바라밀을 '무주상(無住相)의 보시'라고 부른다. '모습에 머무르지 않는 보시'로 티 나지 않는 베풂이다. "오른손이 하는 일을 왼손이 모르게 하라."는 기독교 가르침에서도 이러한 '무주상 보시'의 편린을 엿볼 수 있다. 그러나 진정한 베풂이라면 '오른 손이 하는 일'을 '오른 손'도 몰라야 한다. 누군가에게 내가 무엇을 베풀었을 때 나 스스로에게도 베풀었다는 생각이 들지 않아야 그것이 진정한 베풂이란 말이다. 《대반열반경》에서는 이런 베풂을 '다치거나 병든 외아들을 보살피는 어머니'의 베풂에 비유한다. 극진히 사랑하는 외아들이 다치거나 병들었을 때 어머니는 온 정성을 다하여 보살핀다. 어머니의 간호로 얼마 후 자식이 회복되었다. 그 모습을 본 어머니가 자식에게 "베풀었다."는 생각을 할 리가 없다. 베풀었다는 생각에 '흐뭇한 마음'이 들 리도 없다. 항상 자식이 안쓰럽고 걱정이 될 뿐이다. 이와 같은 마음으로 이루어지는 것이 진정한 보시로 '무주상의 보시'이고 보시바라밀이다. 내가 누군가에게 도움을 준 후 흐뭇한 마음이 든다면 이는 상거래와 같은 보시로 단순한 '보시'일 뿐 '보시바라밀'은 아니다. 이런 사람은 공성의 통찰을 더 강화시켜야 한다.

21. 공에 대한 오해 - 공견, 악취공, 낙공

대승불교의 공(空)사상을 오해하는 사람들을 간혹 보게 된다. "모든 것이 공하기에 아무 행동이나 해도 된다."는 식의 오해다. "모든 것이 공하기에 선도 악도 없다."는 확신 아래서 계나 율을 거리낌 없이 어기는 사람도 있다. 이는 공을 터득한 것이 아니라 가치판단을 상실하여 '선과 악을 가리지 못하는 것'일 뿐이다. 공의 정확한 의미에 대해 논리적으로 해명하는 용수보살의 ≪중론≫에서는 이런 사람을 공견(空見)에 빠진 자라고 부르면서 다음과 같이 비판한다. "부처님께서는 갖가지 견해(見解)에서 벗어나게 하시려고 공의 진리를 말씀하셨다. 그러나 만일 공이 있다는 견해를 다시 갖는다면 어떤 부처님도 그런 자를 교화하지 못하신다." 공이란 갖가지 생각과 이론에 대한 집착과 고착을 씻어주는 가르침이다. 그런데 공의 가르침을 듣고서 다시 공 그 자체에 집착한다면 그런 사람들은 구제불능이라는 경고다. 구마라습이 한역한 ≪중론≫에서는 이에 대해 주석하면서 "병이 들면 약으로 치료할 수 있지만, 그런 약 때문에 병이 생긴다면 치료할 수 없다."거나 "불이 나면 물로 그 불을 끌 수 있지만, 물에서 불이 나면 그것을 끌 방법이 없다."고 비유한다.

불교 유식학(唯識學)에서는 이런 공견을 '악취공(惡取空)'이라고 부르며 비판하였다. 악취공이란 '공을 잘못 이해함'이라는 의미로 타공(墮空) 또는 낙공(落空)이라고도 한다. 타공이나 낙공은 '공에 떨어짐'이란 뜻이다. 대승불교의 공사상을 공부할 때 가장 경계해야 할 것이 바로 이러한 공견이다. 공의 가르침은 우리의 인지(認知)를 정화하는 빨래비누와 같다. 옷감에 묻은 더러운 때를 빨래비누를 이용하여 깨끗하게 지울 수 있다. 그런데 빨래가 완전히 끝나려면 때를 빼는 데 사용했던 비눗기도 헹구어내야 한다. 비눗기를 헹구지 않은 옷을 입고 다닐 경우, 때는 없어졌지만 비누 냄새가 펄펄 날 뿐만 아니라 피부도 상한다. 공의 가르침도 이와 마찬가지다. 공의 조망을 통해서 갖가지 분별을 해체했으면, 공에 대한 분별 역시 내려놔야 한다. 비유한다면 장작을 태울 때 나무토막 하나를 불쏘시개로 사용하지만 마지막에는 그것 역시 불속에 던져버리는 것과 같다. 공의 가르침으로 분별을 타파하지만 그런 공에 대해서 다시 집착하면 또 다른 분별이 될 뿐이다. 공도 역시 공하다(空亦復空). 공으로 수행하지만 궁극에는 공도 버려야한다.

용수(龍樹) 보살의 ≪대지도론(大智度論)≫에서는 공의 가르침을 소금에 비유한다. 소금을 모르는 사람들이 사는 농촌 마을에 귀한 손님이 찾아왔다. 그런데 그는 음식을 먹을 때마다 소금을 쳐서 먹었다. 마을 사람 하나가 그 이유를 묻자 "소금이란 것은 음식을 맛있게 만들어 줍니다."라고 대답했다. 그러자 마을사람은 "그렇다면 소금 그 자체는 너무나 맛있겠구나!"라고 생각하고서 소금 한 움큼을 쥐어 입에 털어 넣었다. 말할 것도 없이 입안이 헐고 쓰리고 상했다. 그러자 손님에게 따졌다. "어째서 당신은 소금이 맛있다고 했는가?" 손님은 대답했다. "어리석은 사람아! 양을 맞추어 먹어야 맛있지 어찌 소금만 먹는가?" 공의 가르침도 이와 같아서 어리석은 사람은 다른 공덕은 전혀 짓지 않고서 공만 체득하려고 하는데, 이는 사견(邪見)으로 선근(善根)만 끊어버린다는 것이다. 선과 악을 가리지 못하는 것을 공이라고 오해한 자, 입으로는 공을 얘기하나 그 행동에는 탐욕과 분노와 교만이 남아 있는 자. ≪대지도론≫에 의하면 이렇게 공을 오해한 자는 현생에는 폐인이 되고, 내생에는 지옥에 떨어진다고 한다. 공은 기사회생의 명약과 같지만 오해할 경우 극약이 되기도 한다.

22. 악취공에서 살아나기 - 속제의 실천

공에 대해서 논리적으로 해명하는 용수보살의 ≪중론≫에서는 공 사상의 위험성에 대해서 다음과 같이 경고한다. "공에 대해 올바로 통찰할 수 없어서 어리석은 자는 자기 자신을 해친다. 마치 독사를 잘못 잡거나 주문을 잘못 외듯이." 독사를 잡을 경우 목을 쥐어야 한다. 몸통이나 꼬리를 잡으면 독사가 고개를 돌려서 손목을 문다. "선무당이 사람 잡는다."는 말이 있듯이 주문을 잘못 외면 복이 오는 게 아니라 오히려 화를 당한다. 공도 역시 이와 마찬가지다. 공에 대해 오해할 경우 선과 악을 분간하지 못하는 가치판단상실 상태에 빠질 뿐이다. 그 증상은 막행막식이다. 계와 율을 어기고 아무 행동이나 하고 아무 것이나 먹는다. 불교 유식학에서 비판하는 악취공(惡取空)이다. 그러면 이러한 악취공에 빠져서 폐인처럼 살아가는 사람이 소생할 수 있는 방법은 없을까? 있다! 철저한 속제의 실천이다.

동아시아의 중관학인 삼론학(三論學)에서는 진제(眞諦)와 속제(俗諦)의 이제(二諦)가 공사상의 두 축이라고 말한다. 속제는 보시나 지계, 인욕이나 정진, 선정과 같은 분별적인 가르침이고 진제는 반야인 공의 가르침으로 분별을 타파하는 궁극적 진리다. 이러한 '두 가지 진리' 가운데 진제를 모르고 속제만 실천할 경우에는 기껏해야 하늘나라에 태어날 뿐 해탈하지 못한다고 한다. 이와 반대로 진제만 추구하고 속제를 무시할 경우 가치판단을 상실하여 폐인이 된다.

대승보살의 올바른 삶은 진제와 속제가 균형을 이루는 진속균등(眞俗均等)의 삶이다. 보살의 실천덕목인 육바라밀에서 진속이 균등하다. 보시, 지계, 인욕, 정진, 선정은 속제이고 반야바라밀은 진제다. 속제의 보시행에 진제인 반야바라밀의 통찰이 함께하면 보시바라밀이 된다. 속제인 지계행에 진제인 반야바라밀의 통찰이 함께하면 지계바라밀이 된다. ≪금강경≫에서 가르치는 '무주상보시(無住相布施)'에서 '무주상'은 진제이고, '보시'는 속제다. 육조 혜능 조사의 ≪법보단경≫에서 말하는 '무상계(無相戒)'에서 '무상'은 진제이고 '계'는 속제다.

진제를 추구하지만 이는 좌복에 앉아서 수행할 때뿐이다. 좌복에서 일어나 세속에서 살아갈 때에는 철저하게 분별을 낸다. 진제를 수행한 다음에 일어나는 분별은 보다 슬기롭고 보다 이타적이다. 유식학에서 말하는 묘관찰지의 분별이다. 맹자가 가르친 인의예지(仁

義禮智)의 사단(四端) 가운데 지(智)의 발현인 시비지심(是非之心)의 분별이다.

진속균등의 지침에 무지하여 진제만 추구하다가 가치판단상실에 빠진 예는 비단 불교 내에서만 있는 일이 아니다. 현대의 해체주의는 공사상과 통한다. 그래서인지 우리 주변의 일부 문학인, 예술가 등에게서도 막행막식의 모습을 볼 수 있다. 이들의 무애행(無碍行)이 창작을 위한 자유의 날개 짓일 수도 있다. 이를 통해서 남에게 감명을 주는 작품을 만들어낼 수도 있다. 마치 독특한 성격의 거미가 아름다운 거미줄을 지어내듯이. 그러나 해체가 실천의 지침이 될 경우 자신의 인격은 파탄하고 생활은 도탄에 빠진다.

진제만 추구하다가 악취공에 빠졌을 때, 소생하는 방법은 속제의 실천에 몰입하는 것이다. 철저하게 분별을 하면서 남에게 베풀고, 선과 악의 기준인 계와 율을 철저히 지키면서 고결하게 살아가며, 결코 화를 내지 않는 인욕의 삶을 살고, 항상 정진하며, 틈날 때마다 좌복 위에 앉아서 선정을 닦는다. 그 때 '진속균등'의 삶이 서서히 회복된다. 속제를 실천하고 분별적으로 수행하는 것이 악취공, 공병(空病)의 치료제다.

23. 지계바라밀 - 너무나 착해서 착함을 모른다.

선도 악도 없는 경지가 있다. 선과 악을 초월한 경지가 있다. 가치판단을 상실하였기에 선과 악을 구분 못 하는 것이 아니라, 너무나 선해서 선과 악을 모르는 경지다. 일거수일투족이 '착함' 그 자체이기에, 선행을 한다는 생각을 내지 않는다. 육바라밀 가운데 지계(持戒)바라밀이 바로 그것이다. 선종의 육조 혜능 스님의 ≪법보단경≫에서 말하는 무상계(無相戒)다. 무상계란 '티 나지 않는 윤리적 삶'이다. '티 나지 않는 베풂'인 보시바라밀을 무주상보시(無住相布施)라고도 부르듯이, 지계바라밀을 무상계라고도 부르는 것이다.

남을 대할 때 참으로 선할 뿐만 아니라 스스로도 지극히 고결하게 살지만 자신이 그렇다는 사실을 알지 못한다.

≪논어≫의 「위정편」에 의하면 공자는 15세에 학문에 뜻을 두었고[志學], 30세에 입신하였으며[而立], 40세가 되니 세상일에 미혹되지 않았고[不惑], 50세에 천명을 알았으며[知天命], 60세에 귀가 순해지고[耳順], 70세가 되니 "마음에서 솟는 욕망이 세간의 윤리적 잣대를 넘어서지 않았다[從心所慾不踰矩]."고 한다. 이 가운데 마지막 '종심(從心)'의 경지가 바로 지계바라밀이다. 마음대로 행동해도 윤리, 도덕에서 벗어나지 않는다. 몸과 마음이 선함 그 자체이기 때문이다. 그야말로 선악에 걸림이 없는 진정한 무애행(無碍行)이다.

조직폭력배에 대한 조크가 있다. 왠지 모르지만 영화나 TV드라마 등을 보면 조폭은 몸에 문신을 한 모습으로 등장한다. 상반신을 휘감는 용의 문신을 한다든지, 팔뚝이나 어깨에 '일심(一心)'이라는 한자나 '큐피드의 화살이 꽂힌 하트'를 문신한다. '일심'은 ≪대승기신론≫에서 가르치는 일심이 아니라, "조직의 모든 구성원들이 일심동체로 단결하자."는 다짐의 글귀일 것이다. 그런데 조폭 가운데 한 사람이 팔뚝에 "차카게 살자."는 문구를 새겼다고 한다. 하루 종일 악하게 살다 보니까 미안했는지, "하루에 한두 번만이라도 착하게 살자!"는 다짐을 쓴 것이라고 한다. 너무나 무식하기 때문에 철자법도 틀렸다. 이를 본 사람은 그 조폭에 대해서 더 큰 공포를 느낀다고 한다.

공(空) 사상에 대한 오해로 가치판단을 상실하여 선과 악을 구분하지 못하는 것도 참으로 크나큰 잘못이지만, 선과 악의 구분에 집착하면서 선을 행하고자 하는 것 역시 '완전한 선'은 아니다. '차카게' 살고자 하는 것일 뿐이다. ≪대품반야경≫에 대한 용수보살의 주석서인 ≪대지도론≫에 의하면, '단순한 지계행'에서는 '분노의 번뇌'가 일어나기 쉽다고 한다. 선과 악을 분별한 후 선을 행하고자 할 경우, 악을 행하는 사람을 보면 화가 날 수 있다는 것이다. 따라서 진정한 '착함'이란 선과 악의 구분을 초월한 지계행이어야 한다.

　≪금강경≫에서는 뗏목의 비유를 들면서 "법도 버려야 하거늘 하물며 비법(非法)이랴?"라고 설한다. 여기서 말하는 법은 부처님의 가르침을 의미한다. 뗏목을 타고서 강을 건넌 후에는 뗏목을 버리고서 내려야 하듯이, 부처님의 가르침을 통해서 열반의 언덕, 공성의 경지에 도달했으면, 가르침에 대한 집착에서조차 벗어나야 진정한 열반, 진정한 공성을 체득한다는 것이다. 공성이란 우리의 인지(認知)를 정화하는 가르침이기도 하지만 윤리적 완성이기도 하다. 부처님의 가르침을 통해서 지계의 삶을 살아가지만, 궁극적으로는 계의 상(相)에서도 벗어나야 한다. 고결하고 착하게 살아가지만, 종국에는 자신이 고결하다거나 착하다는 생각조차 들지 않아야 '지계의 완성'이다. 무상계인 지계바라밀이다.

24. 율과 지범개차 - 승가의 형법과 판례

"무릇 처음으로 발심한 사람은 나쁜 친구를 멀리하고 어질고 착한 친구를 가까이 해야 하며 오계와 십계 등을 받고 지범개차(持犯開遮)에 대해서 잘 알아야 한다." 보조국사 지눌 스님의 ≪계초심학인문≫의 첫 구절이다. 행간의 의미를 살려서 마지막 문장을 다시 번역하면 "무엇이 지키는[持] 것이고 무엇이 범하는[犯]하는 것이며, 무엇을 허용[開(utsarga)]하셨고 무엇을 꾸중[遮(apavāda)]하셨는지 잘 알아야 한다."가 된다. '지범'은 계목에 대한 준수와 위반을 의미하고, '개차'란 실제의 생활에서 피치 못하게 '율의 조항'을 어긴 경우에 그것의 허용 여부에 대한 부처님의 판단을 의미한다. 그런데 여기서 중요한 것은 '허용 여부'를 결정하는 분은 우리가 아니라 부처님이란 점이다.

현대의 사회법은 ①헌법, ②형법, ③민법, ④상법, ⑤형사소송법, ⑥민사소송법의 육법(六法)으로 이루어져 있다. 그런데 승가법인 율(律)은 이런 사회법 가운데 ②형법과 ⑤형사소송법에 비교된다. 조계종의 소의율전(所依律典)인 ≪사분율≫의 비구계는 ⓐ바라이법[4종], ⓑ승가바시사법[13종], ⓒ부정법[2종], ⓓ니살기바일제법[30종], ⓔ바일제법[90종], ⓕ바라제제사니법[4종], ⓖ중다학법[100종], ⓗ멸쟁법[7종]의 총 250종의 계목으로 이루어져 있는데, 처벌조항이 있는 바라이법, 승가바시사법, 부정법, 니살기바일제법, 바일제법, 바라제제사니법, 중다학법의 죄는 ②형법에 해당하고, 마지막의 멸쟁법은 ⑤형사소송법에 해당한다. ⓐ바라이법은 성교, 살인 등의 네 가지 죄로 이를 범하면 승가에서 영원히 추방되며 다시 출가하는 것 역시 금지된다. ⓑ승가바시사법은 자위나 무고 등의 죄로 이를 범하면 20인 이상 비구 앞에서 참회한 후 6일간 격리생활을 한 다음에 승가로 복귀한다. 죄를 숨길 경우, 숨긴 날 수만큼 격리 기간이 늘어난다. ⓒ부정법은 '밀폐된 곳에서 여인과 잡담하는 것' 등의 두 가지로 비구 스스로의 고백이나 함께 있던 우바이의 증언에 의해서 바라이, 승가바시사, 바일제 여부가 결정된다. ⓓ니살기바일제법은 '여분의 가사를 10일 이상 소유하는 것' 등인데 물건을 승가에 반납한 후, 3인 이하 비구에게 참회하면 죄에서 벗어난다. ⓔ바일제법은 '다른 비구를 모독하는 것'등이며 3인 이하의 비구에게 참회하면 죄에서 벗어난다. ⓕ바라제제사니법은 '친척이 아닌 비구니에게서 음식을 받아먹는 것' 등으로 한 사람의 비구 앞에서 참회함으로써 죄에서 벗어난다. ⑧중다학법은 '식사할 때 소리 내지 않는 것' 등 비구의 위의(威儀)에 대한 것으로, 고의로 저지른 것은 한 사람의 비구 앞에서 참회하고, 그렇지 않은 것은 스스로 참회함으로써 죄에서 벗어난다. 그리고 ⓗ멸쟁법은 비구가 계목을 어겼거나 이를 시인하지 않을 때 승단에서 그에 대한 처벌의 수위를 정하는 '판결 방법'이다.

이상에서 보듯이 ⓗ멸쟁법의 7종은 ⑤형사소송법에 해당하고, ⓐ바라이법에서 ⑧중다학법에 이르기까지 243종은 추방, 격리, 참회 등의 처벌을 수반하기에 ②형법에 해당한다. 이런 250가지 조항의 준수와 위반을 지범(持犯)이라고 한다. 그리고 피치 못하게 이를 어긴 경우 그것이 죄가 되는지 아닌지에 대한 부처님의 판단을 개차(開遮)라고 한다. 개차란 형법의 판례(判例)와 유사하다. 형사재판을 할 때 구체적 사안에 대해서 과거의 판례에 의하여 그 범죄 여부를 판단하듯이, 승가법인 율을 어긴 경우에 부처님의 꾸중[遮]과 허용[開]의 판례에 준하여 처벌의 수준을 정한다. 개차는 결코 내가 자의적으로 열거나[開] 닫는[遮] 것을 의미하지 않는다. 율의 위반을 허용하거나 꾸중하셨던 분은 부처님이셨다.

25. 삶도 없고 죽음도 없다① - 현량(現量)에 의한 통찰

　불교인식논리학에서는 우리가 앎을 획득하는 방법에 현량(現量)과 비량(比量)의 두 가지가 있다고 한다. 요새말로 바꾸면 현량은 '직관'이고 비량은 '추리'다. 예를 들어 내 앞에서 불이 타오를 때 눈으로 이를 보거나 몸으로 온기를 느끼는 것은 현량을 통한 것이고, 먼 산에서 연기가 날 때 보이지는 않지만 그곳에 불이 있을 것이라고 아는 것은 비량을 통한 것이다. 현량은 '감관을 통한 직접적인 앎'이고 비량은 '생각을 거친 간접적인 앎'이다.

　부처님께서 보리수 아래서 성도하신 후 외치신 첫 마디가 "나는

불사(不死)를 얻었다."였다. 불사의 범어 원어는 '아므리따(amṛta)'
인데 '아(a)'는 영어의 낫(not)이나 노(no), 넌(non)과 같이 부정(neg
ation)을 의미하는 접두사고, '므리따'는 죽음을 뜻하는 단어다. 한자
나 우리말의 경우 부정을 표현하는 방식이 세 가지가 있다. '없다
[無]'와 '아니다[非]'와 '않다[不]'가 그것이다. 그러나 범어나 영어와
같은 '인도-유럽어'의 경우 부정표현이 단순하다. 한자로는 불생불
멸, 비생비멸, 무생무멸이라고 다르게 쓰더라도 범어 원문은 '안웃뜨
빠담 아니로드함(anutpādaṃ anirodhaṃ)'으로 한 가지다. 영어에서
도 "여기에 학생이 없다(There is not a boy)."거나 "그는 소년이
아니다(He is not a boy)."거나 "그녀는 행복하지 않다(She is not
happy)."에서 '없다'와 '아니다'와 '않다'를 모두 똑같이 'is not'으로
표현할 뿐이다. 따라서 부처님께서 성도 후 외치신 '아므리따'는 '불
사(不死)'이기도 하지만 '무사(無死)'나 '비사(非死)'이기도 하다. 부
처님께서 외치신 '불사'의 선언은 "죽음이 없다[無死]."거나 "죽음이,
죽음이 아니더라[非死]."고 번역할 때 보다 쉽게 이해된다. 부처님만
그러셨던 것이 아니라 후대의 선승들 역시 깨달음의 궁극에서 "삶
도 없고 죽음도 없다."고 토로하였다.

앞에서 말했듯이 앎을 획득하는 방법에 현량과 비량의 두 가지가
있기에 "죽음이 없다."는 사실에 대해서도 두 가지 방식으로 설명할
수 있다. 이 가운데 현량에 의한 통찰을 설명하면 다음과 같다. 우
리는 죽음을 두려워한다. "죽음이 있다."고 생각하기 때문이다. 그런
데 누군가가 죽기 위해서는 반드시 살아있어야 한다. 확고하게 살아
있는 존재만이 죽을 수 있다. 어제의 내가 오늘의 나와 다르지 않

고, 10년 전의 내가 지금의 나와 다르지 않아야 "나는 살아있다."고 말할 수 있다. 그러나 삼법인(三法印)의 가르침에서 보듯이 모든 것은 무상하다. 단 한 순간도 머물고 있지 않다. 우리 몸의 경우 1년 정도 지나면 거의 전부 새로운 물질로 바뀐다고 한다. 손톱이나 머리칼의 경우 외형은 같아도 작년의 것이 지금 없듯이 근육이나 피부는 1개월, 뼈는 6개월, 뇌는 1년 정도 지나면 100%가 새로 섭취한 물질로 대체된다고 한다. 마음의 경우는 더하다. 느낌이든, 생각이든, 의지든 시시각각으로 바뀐다. 몸과 마음은 물론이고 연기(緣起)한 모든 것은 무상하다. 제행무상(諸行無常)이다. 따라서 '변치 않는 나'는 없다. 제법무아(諸法無我)다. 모든 것은 매 순간 흘러갈 뿐이다. 이런 무상과 무아의 진리를 현량을 통해서 통찰하는 수행이 바로 '위빠싸나'다. 호흡이든 걸음이든 매 찰나 일어나는 나의 일거수일투족을 직관한다. 그 결과 "우리가 살아있달 것도 없다."는 사실을 통찰한다. 무언가 '변치 않는 것'이 있어야, 그것에 대해 "살아있다."고 규정할 수 있고, '살아있는 것'만이 죽을 수 있는데, 변치 않는 것이 없기에 살아 있달 것도 없고, 살아 있달 것도 없기에 죽을 것도 없다. 위빠싸나 수행을 통해서 무상을 현량함으로써 "죽음이 없다."는 사실을 자각한다.

26. 삶도 없고 죽음도 없다② - 비량(比量)을 통한 통찰

　죽음은 없다. 모든 것은 무상하기 때문이다. 무언가 변치 않고 지속적으로 존재해야 사라질 수 있는데, 모든 것이 매 순간 사라지고 있다면 새삼스럽게 새로이 사라질 것도 없다. 모든 것이 무상하기에 지금 이 순간에 모든 것이 사라지고 있고, 모든 것이 무상하기에 지금 이 순간에 모든 것이 나타나고 있다. 모든 것이 사라지는 순간이 모든 것이 나타나는 순간이다. 사라짐이 나타남이다. 발생이 소멸이고, 삶이 죽음이다. 따라서 살았달 것도 없고, 죽을 일도 없다. 위빠싸나 수행의 궁극에서 만나는 '불생불멸'의 통찰이다.

그런데 삶과 죽음에 대한 지적(知的)인 번민에서 완전히 해방되려면 "삶도 없고 죽음도 없다."는 사실을 위빠싸나 수행을 통한 지각인 현량에 의해서 자각함과 아울러, 생각을 통한 추리인 비량을 통해서도 확증해 보아야 한다. 이는 다음과 같다. 우리가 죽음을 두려워하는 이유는 지금 이 순간에 살아있기 때문이다. 다시 말해서 "내가 언젠가 죽을 것이다."라고 생각하는 것은 "지금 내가 살아있다."고 생각하기 때문이다. 또 이와 반대로 내가 지금 살아있다고 생각하는 것은, 수십 년 전에 내가 이 세상에 태어났기 때문이고 앞으로 언젠가 죽을 것이라고 생각하기 때문이다. 나는 세상에 태어나기 전에는 무(無)였고, 죽은 후에도 무(無)가 될 것이기 때문에, 그런 생각에 의존하여 지금 이 순간은 유(有)라고 생각한다. 지금 내가 "존재한다."고 생각하는 것이다.

그러나 이는 '생각'일 뿐이지 '체험'은 아니다. '생각' 속에서는 '뿔 난 토끼'도 떠올릴 수 있고, '털 난 거북이'도 떠올릴 수 있지만, 실생활에서 '토끼의 뿔'이나 '거북이 털'을 체험할 수는 없다. 이와 마찬가지로 '내가 태어나기 전의 무'와 '죽은 후의 무'는 생각 속에 떠올릴 수만 있을 뿐이며, 체험한 적도 없고 체험할 수도 없다. 탄생 전과 죽음 후의 '무'를 체험할 수 있다면, 지금의 이 순간이 '유(有)'를 체험하는 순간일 것이다. 그러나 그런 '무'를 체험할 수 없기에 지금 이 순간은 '유'를 체험하는 것이 아니다. '유'랄 것도 없고, '존재'랄 것도 없다. 따라서 우리는 지금 살아있달 것도 없다. 살아있달 것도 없기에 죽을 일도 없다.

'큰 방'과 비교해야 '작은 방'이라는 생각이 떠오르고, '긴 것'과 비교해야 '짧다'는 판단이 생기듯이, 탄생 전이나 죽음 후의 '무'를 떠올리기에 지금 이 순간에 대해 '삶'이라든지 '유'라든지 '존재'라는 생각을 하게 된다. 그러나 이는 다만 생각일 뿐이다. 이 세상에 원래 큰 방이 없다. 아무리 큰 방도 더 큰 방과 비교하면 작아진다. 따라서 그 어떤 방이든 그 원래의 크기는 크지도 작지도 않다. 소위 비대비소(非大非小)다. '큰 방'과 '작은 방'이 이 세상에 실재하지 않지만 연기(緣起)하여 생각 속에만 있듯이, 삶과 죽음 역시 실재하는 것이 아니라 연기한 개념일 뿐이다. 따라서 무생무사(無生無死)다. 이런 사실을 투철하게 알 때 삶과 죽음에 대한 '지적인 고민'이 해소된다. 죽음이 없기에 죽음에 대해 고민할 수도 없다. 눈을 훤히 뜨고 있는 이 순간에 '죽음'의 문제가 해결된다. 연기의 원리를 통해서 희론(戲論)이 적멸(寂滅)한다. 참으로 상서롭지[吉祥] 않을 수 없다.

그러나 한 가지 명심할 것이 있다. 이는 '지적인 통찰'일 뿐이라는 사실이다. 이런 통찰은 '머리'만 시원하게 해 줄 뿐이다. 이와 아울러 '생명의 세계', '고기 몸의 세계'를 향한 욕망이나 분노가 모두 사라질 때 '가슴' 역시 시원해진다. '인지(認知)의 머리'와 '감성의 가슴'이 모두 정화되어야 진정한 깨달음이다.

27. 불교 응용과 실천의 원리 - 연기(緣起)의 법칙

불교는 연역(演繹)의 종교다. 부처님께서 깨달으신 '연기의 법칙'에서 불교의 이론과 실천 모두가 도출된다. 불교의 종교관, 가치관, 실천법 등 모든 것이 연기의 법칙에 근거한다.

물리학자 뉴턴은 만유인력의 법칙을 발견하였다. 존재하는 모든 것[萬有]에는 잡아끄는 힘[引力]이 있다는 물리법칙이다. 지금도 대포알의 착지점이나 로켓의 궤도를 예측할 때, 뉴턴물리학만으로도 충분하다. 아인슈타인은 빛의 속도가 불변이라는 관측결과에 토대를 두고서, '중력'과 같은 거시적인 힘을 '가속도'라는 '시공의 함수'로 치환함으로써, 뉴턴물리학에서는 몰랐던 많은 현상을 예측하였다. 상대성원리다. 1980년대를 전후하여 '거시적인 상대성이론'과 '미시세계의 양자역학'을 하나의 공식으로 해명하는 '초(超)끈이론'이 고안되었다. 물질의 최소단위는 '끈'과 같다는 이론으로 수학적으로 10차원을 도입하여 상대성원리와 양자역학이론의 상충을 해결하고자 하였다. 최근에는 '초끈이론'에 차원 하나를 더 보탠 'M이론'이 출현했다. 'M이론'에서는 물질의 최소단위가 1차원적인 '끈'이 아니라 2차원적인 '면(面)'이라고 본다. 'M이론'의 'M'은 면(Membrane)이기도 하지만 신비(Mystery), 마술(Magic) 또는 어머니(Mother)를 의미한다. 상대성원리까지는 입증이 가능하지만, 초끈이론이나 M이론의 경우 이론상으로만 정합적일 뿐 실험을 통해서 증명할 수가 없기에 '물리학이 축조한 신화(Myth)'에 다름 아니다. 'M'은 'Myth'이기도 하다.

　만유인력의 법칙이든, 상대성원리든, 초끈이론이든, M이론이든 '물질세계'를 지배하는 법칙일 뿐이다. 그런데 물질은 물론이고 우리의 마음을 포함하여 생명의 탄생과 죽음까지 지배하는 법칙이 있다. 부처님께서 발견하신 연기(緣起)의 법칙이다. 연기는 의존성(依存性)이라고 풀이된다. 우리의 앎도 의존적으로 발생하고, 행복과 고통도 의존적으로 발생하며, 종교적 철학적 고민 역시 의존적으로 발생한다. 예를 들어 어떤 방을 보고서 '큰 방'이라는 판단을 하려면, 생각 속에서 '작은 방'을 염두에 두어야 한다. 이 때 내 눈 앞의 '큰 방'과 생각 속의 '작은 방'은 서로 의존해 있다. 의존적 앎이다. 또, 내가 선행이나 악행을 통해서 남에게 준 고통이나 행복은 미래에 언젠가 나에게 고통이나 행복으로 체험된다. 원인인 선악의 행위에 의존하여 결과인 고락의 체험이 발생한다는 인과응보의 법칙이다. 또, 죽음에 대해서 번민했지만, "죽음이 있다."는 생각은 "내가 살아 있다."는 착각에 의존해서 발생한 허구라는 사실을 자각할 때, 죽음에 대한 지적(知的)인 공포가 사라진다. 연기의 종교성이다.

'큰 방과 작은 방', '나와 남', '삶과 죽음'의 분별 모두 의존적으로 발생한다. 이 세상에 원래 있는 것이 아니라 연기(緣起)한 것들이다. 이런 과정을 통찰할 때, 우리는 '큰 방'이나 '작은 방', '나'와 '남', '삶'과 '죽음'이 실재하는 것이 아니라는 점을 자각하게 된다. 분별을 타파하는 공성(空性)에 대한 자각이다. 탈이분법(脫二分法)의 자각이다. '중도(中道)를 깨달음'이다. 중도인 불성(佛性)을 보는 것이다. 견성(見性)이다. 본래무일물(本來無一物)임을 아는 것이다.

이러한 연기법에 근거하여 불교를 우리의 삶 속에서 응용하고, 실천하려고 할 때 두 가지 방식이 있다. 하나는 행복을 창출해내는 것이고 다른 하나는 고통을 제거하는 것이다. 연기의 원리를 투철하게 알 때, 우리는 '의존성'을 적용하여 갖가지 행복을 만들어 낼 수 있고, '공성'의 자각을 통해서 온갖 번민에서 해방될 수 있다. 연기와 공의 실천적 활용이다.

28. 창의력의 원천 - 화엄의 법계 연기

화엄사상의 핵심을 210자로 요약한 의상 스님의 법성게(法性偈)를 보면 '일중일체다중일 일즉일체다즉일(一中一切多中一 一卽一切多卽一)'이라는 구절이 있다. 문자 그대로 번역하면 "하나 속에 모든 것이 있고 여럿 속에 하나가 있으며, 하나가 곧 모든 것이고 여럿이 그대로 하나다."가 되겠지만, 그 참뜻을 되살려 다시 번역하면 "하나 속에 무한이 있고 무한 속에 하나가 있으며, 하나가 곧 무한이고 무한이 그대로 하나다."가 될 것이다. 여기서 말하는 '여럿[多]' 역시 '무한(無限)'에 다름 아니다. 자구(字句)를 맞추기 위해서 '다(多)'라는 글자를 썼을 뿐이다. '일중일체 다중일'이라는 앞 구절에서는 하나와 무한이 서로 내포한다는 상입(相入)을 노래하고, '일즉일체 다즉일'이라는 뒤 구절에서는 하나와 무한이 그대로 일치한다는 상즉(相卽)을 노래한다.

하나와 무한은 상즉상입(相卽相入)한다. 하나 속에 무한이 있기도 하지만, 하나가 그대로 무한이기도 하며, 무한 속에 하나가 있으면서 무한이 그대로 하나이기도 하다. 우리가 체험하는 세상만사의 참모습에 대한 궁극적인 통찰이다. '법성게'의 법성은 존재[法]의 참모습[性]을 의미한다. 이를 법계연기(法界緣起)라고 부른다. 참으로 오묘한 가르침으로 연기의 다양한 면모 가운데 정상을 점한다.

예를 들어 지금 이 글을 쓰고 있는 나는 '교수'이기도 하지만, 집에 가면 아이들의 '아빠'이기도 하고, 아내에게는 '남편'이 된다. 부모에게는 '아들'이며, 조카에게는 '삼촌'이고, 손자에게는 '할아버지'이지만 지나가던 행인은 그냥 '아저씨'라고 부른다. 아프리카 밀림에 버려져서 만난 사자가 볼 때는 군침을 돌게 하는 '고기 덩어리'이고 우리 집 부엌 바닥의 바퀴벌레가 볼 때는 위협적인 '괴물'이며 … 전쟁터에 동원되면 온 몸을 '무기'로 사용한다. 이 가운데 그 어떤 것도 나의 본래이름이 아니지만, 상황에 따라 이 모든 것이 내가 되기도 한다. 나는 교수이고, 아빠이고, 남편이고, 아들이고, 삼촌이고, 할아버지이고, 아저씨이고, 고기 덩어리이고, 괴물이며 … 무기다. 나 '하나[一]'에 이 '모든 것[一切]'이 내재하며 나 '하나'는 이 모든 것이기도 하다. 일중일체(一中一切)이고 일즉일체(一卽一切)다.

'나'뿐만이 아니다. 이 세상의 모든 물건, 모든 사건, 모든 사태는 그 어떤 것이든 무한한 의미를 부여할 수 있고 무한한 용도를 갖는다. 책상 위에 놓인 '컵'에 꽃을 꽂으면 '화병'이 되고, 남을 향해 던

지면 '무기'가 되며, 적당히 물을 넣어서 박자에 맞추어 두드리면 '악기'로 변신하고, 어린아이의 소변을 받는 '오줌통'으로 쓸 수도 있고, 미술관에 전시하면 '작품'이 되며 … 엎어서 밀가루반죽에 찍으면 만두피 만드는 '기구'가 되기도 한다. 하나의 '컵'에 '화병', '무기', '악기', '오줌통', '작품' … '기구'의 가능성이 모두 내재한다. 하나 속에 무한한 용도가 들어있다. 일중일체이고 일즉일체다.

그런데 이 모두 연기(緣起)에 근거한 천(千)의 얼굴들이다. 하나의 물건, 하나의 사건, 하나의 사태에 무한한 가능성이 내재하지만, 특정 상황 속에서는 한 가지 의미만 발생한다. '나'는 원래 '모든 것'이 될 수 있지만, '학생'에 대해서 '교수'일 뿐이고, '아들'에 대해서 '아빠'일 뿐이다. 특수한 연기다. 이런 특수연기들의 총체인 법계연기의 통찰이 심화될 때 우리는 '하나' 속에 내재하는 무한을 알게 되고, 어떤 상황에서든 무한 속에서 창의적인 '최선의 판단'을 고안할 수 있다. 법계연기는 '묘관찰(妙觀察)의 분별'인 창의적 판단의 원천이다.

29. 무한을 담는 하나의 분별 - 화엄적 정책

화엄의 법계연기에서 가르치듯이 '하나' 속에 무한이 담겨 있다. 예를 들어, 지금 내 눈 앞의 '화분'은 나에 대해서는 '정지'해있다. 그러나 지구가 쉬지 않고 자전하기에 지구 밖에서 질 좋은 망원경으로 화분을 본다면, 화분은 지구에 올라타서 큰 원을 그리며 '돌아가고' 있을 것이다. 또 지구는 자전과 동시에 태양의 주위를 공전하고 있기에 더 멀리서 보면 늘어진 용수철 같은 궤적을 그리면서 '굴러가고' 있을 것이다. 내가 일어나서 화분 앞으로 가면 화분은 나에게 '다가오고', 화분을 지나쳐서 계속 걸어가면 화분은 나에게서 '멀어지며', 내가 주저앉으면 화분은 나의 위로 '올라가고' 내가 일어서면 화분은 나의 아래로 '내려간다.' 동일한 하나의 화분이지만 관찰자에 따라서 화분의 움직임이 달라지는 것이다. 상대운동이다. '정지함'과 '돌아감'과 '굴러감'과 '다가옴'과 '멀어짐'과 '올라감'과 '내려감'이라는 온갖 운동이 화분에 내재한다. 하나가 곧 무한이라는 일즉일체(一卽一切), 또는 하나 속에 무한이 담겨있다는 일중일체(一中一切) 이치의 한 예이다.

이와 마찬가지로 우리가 마주 대하는 모든 사물들이나, 우리가 짓는 온갖 행위들은 관점에 따라서 무한한 의미로 해석해낼 수 있다. 또 서로 상충되는 듯이 보이는 갖가지 관점들, 서로 충돌하는 갖가지 이해관계를 '하나의 행위'를 통해서 화해시킬 수도 있다. 하나의 절묘한 분별을 통해서 온갖 모순을 녹여낼 수 있다. 일즉일체, 일중일체의 이치가 세상을 지배하기 때문이다.

예를 들어 보자. 십 수 년 전, 남한과 북한이 서로 증오하면서 대립할 때, 남북 간의 육로를 개척한 하나의 정책이 있었다. 그 당시 남과 북은 가끔 도움을 주고받았는데, 그 통로는 해로(海路)에 국한되어 있었다. 남한에서 북으로 원조물자를 보내려면, 인천항에서 선적한 후 서쪽으로 직행하여 공해로 나아갔다가 다시 북으로 올라간 후, 선수를 돌려 남포항을 향하여 동으로 직행하는 방식으로 디귿(ㄷ)자로 항해하여 북녘 땅에 도착하였다. 육로로 가면 서울에서 평양까지 반나절도 안 걸리는데, 공해를 이용하여 교류했기에 여러 날이 걸렸다.

그 때 휴전선을 뚫고 육로를 개척한 '절묘한 하나의 분별'이 있었다. '소 떼'였다. 현대그룹의 정주영 회장이 북한에 제안을 하였다. 서산의 간척지 목장에서 키우던 한우 5백 마리를 북한에 보내겠다는 것이었다. 그는 다음과 같이 덧붙였다. "젊은 시절 '소 판 돈'을 갖고서 가출한 후 자수성가하여 큰 기업을 일구었는데, 그 죄책감이 아직도 남아 있다. 이제 갚고 싶다." 그의 고향은 북한의 통천이라고 했다. "소 떼를 보내겠다."는 '하나의 분별'이었지만, "빚을 갚겠다."는 말은 '북한의 자존심'을 살려 주었다. 남이든 북이든 과거의 우리 한국인에게 '소'는 농사일을 돕는 큰 일꾼이었고 집안의 든든한 재산이었다. 그런 '소'였기에 북한 관리들의 가슴이 움직였다. '살아 있는 소들'을 싣고서 오래 항해할 수는 없었다. 신속한 수송을 이유로 육로 이용을 제안하였다. '소 떼'라는 하나의 분별을 통해서 다양한 문제를 일거에 해결하였다. 일중일체의 정책이었다. 장고(長考) 끝에 고안한 하나의 절묘한 분별이었다. 정주영씨는 말년에 불교에 귀의하였고, 49재를 도선사에서 지냈다. 그가 화엄을 알았을 것 같지는 않지만, 그 방식은 화엄적이었다. 하나 속에 모든 것을 담는 일중일체의 분별을 고안하기 위해서는 갈등하는 사안들에 대해 숙지해야 한다. 그 후에 가부좌 틀고 앉아서 깊은 사색에 들어간다. 모든 갈등을 해결하는 하나의 분별이 떠오른다. 화엄적 정책이다.

30. 불교적 인지치료 - 화엄의 절대긍정 과 반야의 절대부정

　상담심리학에서는 인간의 정신적 문제를 두 가지로 분류한다. 하나는 정서(情緖)장애이고, 다른 하나는 인지(認知)장애다. '한 맺힘'과 분노 등 감정적인 상처와 왜곡으로 인한 심리적 고통은 정서장애에 해당하고, '잘못된 생각'이나 '어떤 상황에 대한 오해' 등 앎의 문제로 인한 심리적 고통은 인지장애에 해당한다. 불교 유식학의 가르침과 비교하면 정서장애는 '번뇌장(煩惱障)', 인지장애는 '소지장(所知障)'에 속한다. 번뇌장의 뿌리는 아집(我執)에 있고 소지장은 법집(法執)에서 비롯한다고 한다. 따라서 '자기 자신에 대한 집착[아집]'이 강한 사람은 분노와 탐욕, 교만과 같은 감성적 번뇌가 심하고, '사물에 대한 고정관념[법집]'이 강한 사람은 그런 잘못된 인지로 인해서 '괜한 마음고생'을 한다.

누군가가 심리적 고통을 겪을 때, '들어주기', '칭찬하기', '인정하기', '보살피기' 등의 방식으로 그의 감성을 보듬어 주면, '한'이나 '분노', '외로움', '열등감'과 같은 정서적 고통이 치유된다. 정서적 문제들을 치료하고자 할 때, 상담자의 인격이나 능력이 내담자(來談者, Client)의 그것을 능가할 필요는 없다. 예를 들어, 애완견과 같은 반려동물을 키울 경우 겉보기에는 우리가 동물을 먹이고 재우고 보살피는 것 같지만, 사실은 반려동물에 의해서 나의 감성이 치유된다. 나를 인정하고, 숭배하는 반려동물의 복종이 나의 '자존감'을 살려주기 때문이다. 나보다 못난 존재이지만 나의 정서적 문제를 치유하는데 도움을 준다. '우둔한' 반려동물에 의해서 '영민한' 주인의 '상처 난 감성'이 치유된다.

그러나 '잘못된 정서'가 아니라 '잘못된 인지'로 인해서 심리적 고통을 겪는 경우, 상담자가 내담자에게 도움을 주기는 쉽지 않다. 왜냐하면 '영민한' 내담자는 '우둔한' 상담자에 의해서 설득될 리가 없기 때문이다. 그러나 연기(緣起)와 공(空)의 원리를 활용할 경우, '우둔한 상담자'라고 하더라도 '영민한 내담자'의 인지적 고통을 치유하는 데 도움을 줄 수 있다. 이 때 사용되는 원리는 "하나가 곧 무한이고[一卽一切] 하나 속에 무한이 담긴다[一中一切]."는 화엄의 가르침과 "원래 아무 것도 없다[本來無一物]."는 반야 공(空)의 가르침이다. 전자는 '절대긍정의 원리', 후자는 '절대부정의 원리'다.

그런데 인지적 고통을 겪는 내담자가 있는 경우, 이 두 가지 원리를 "너만 그런 게 아니야, 누구나 다 그래."라는 조언으로 표출한다. 여기서 "너만 그런 게 아니야."라는 조언에는 '절대부정의 반야사상'이 배어 있고 "누구나 다 그래."라는 조언에는 '절대긍정의 화엄사상'이 깔려 있는 것이다.

부처님의 가르침에서 예를 들어 보자. 사랑하는 아들을 잃은 고따미(Gotamī)라는 여인이 부처님을 찾아와 아들을 살려달라고 애원하자, 부처님께서는 "죽은 사람이 없는 집에서 겨자씨를 얻어 오면 아들을 살려 주겠다."고 대답하셨다. 여인은 온종일 돌아다녔지만 겨자씨를 구할 수 없었다. 결국 '죽음이란 누구에게나 찾아오는 것'이라는 사실을 깨달았고 예류과(預流果)의 성자가 되었다고 한다. 여인은 "나에게만 죽음의 고통이 있는 게 아니라, 누구에게나 죽음의 고통이 있다."는 사실을 자각했던 것이다. 반야의 '절대부정'과 화엄의 '절대긍정'이 함께 하는 자각이었다. 이로 인해서 "나만 그렇다."는 '분별의 고통', '인지의 고통'이 사라졌던 것이다. 누군가가 "나만 못났다."거나 "나만 괴롭다."거나 "나만 당했다."는 인지적 고통을 겪을 때, 이를 치유하는 '공식과 같은 조언'이다. "당신만 그런 게 아니라, 누구나 다 그렇습니다." 화엄과 반야를 활용한 '인지치료의 공식(公式)'이다.

31. 불교생명윤리① - 박테리아도 죽이면 안 되는가?

우리에게 널리 알려진 불전은 ≪반야심경≫, ≪금강경≫, ≪아함경≫, ≪법화경≫, ≪화엄경≫ 등이지만, 이는 대장경 전체와 비교하면 극히 일부에 불과하다. 특히 동아시아의 경우는 우리의 '감성'보다 '인지'를 정화하는 내용을 담고 있는 불전들이 널리 보급되어 있다. 그래서인지 우리나라 불자들의 경우 '깨달음'을 '지적인 각성'으로만 생각하는 경우가 많다. 그러나 인도불교적인 의미에서 볼 때 깨달음의 출발점과 종착점 모두 뭇 생명에 대한 자비심이다. 12세 어린 나이에 농경제에 참석하여 쟁기에 패인 흙더미 사이에서 꿈틀대는 벌레와 그 벌레를 물고 날아가는 작은 새와 그 새를 잡아채는 큰 새의 모습을 보고 비감에 젖었던 싯다르타 태자의 마음이나, 35세에 보리수 아래서 정각을 이루신 후 중생 제도를 위해 발걸음을 옮기신 석가모니 부처님의 마음 모두 자비심 그 자체였다.

불교의 핵심은 '비폭력'에 있다. 계율에서도 물리적 폭력을 멀리하지만, 불교수행자들이 가부좌 틀고서 통찰하는 '탈(脫)이분법의 중도(中道)불성' 역시 '이분법적인 이성(理性)의 폭력'에서 벗어나는 것에 다름 아니다. 자비심과 비폭력은 부처님 가르침의 근간으로 동전의 양면과 같다. 설일체유부의 율장 가운데 ≪살바다비니비바사(薩婆多毘尼毘婆沙)≫를 보면, 수행 도중에 천안(天眼)의 신통력이 생긴 사리불이 허공 가득한 벌레를 보고서 식음을 전폐했던 일화가 소개되어 있다. 육안에는 보이지 않았는데, 천안으로 보니까 '물가의 모래알'이나 '그릇에 가득한 좁쌀알'과 같이 허공이든 음식이든 주변에 벌레가 가득했다는 것이다. 불전에서는 이런 벌레를 '호충(戶蟲)'이라고 부른다. '방[戶, Cell]처럼 생긴 벌레[蟲]'로 현대의 지식으로 풀면 '박테리아'와 같은 단세포의 세균에 해당할 것이다. "살생하지 말라."는 것은 승가의 율은 물론이고 재가불자의 오계 중에도 첫 번째로 삼을 정도로 중요한 윤리지침이다. 그 날 이후 사리불은 물이든, 음식이든 아무것도 먹지 않았다. 살생을 하지 않기 위해서였다. "내 목숨을 버릴지라도 남의 목숨을 해치지 않겠다."는 철저한 비폭력의 실천이었다. 그리곤 2, 3일이 지났는데 이를 아신 부처님께서 다음과 같이 말씀하시며 식사를 하라고 명하셨다고 한다. "무릇 여수낭(濾水囊)에 걸리는 크기의 벌레가 든 물을 마시지 말라는 것일 뿐이지 천안에 보이는 것까지 금지하는 것은 아니다." 여수낭은 살생을 예방하기 위해서 벌레를 걸러내는 여과 주머니다. ≪근본설일체유부백일갈마(根本說一切有部百一羯磨)≫에도 같은 맥락의 일화가 소개되어 있는데 부처님께서는 "천안으로 봐서는 안 된다."고 조언하셨다고 한다. 만일 "살생하지 말라."는 것이 절체절명의 조항이라면, 천안을 얻은 사리불이 그랬듯이 우리는 어떤 음식도 먹지 말고 굶어 죽어야 할 것이다. 숨도 쉬지 말아야 할 것이다. 음식이든, 공기든 도처에 '박테리아'와 같은 생명체들이 가득하기 때문이다.

이 일화에서 우리가 얻을 수 있는 교훈, 일상적 인식의 한계를 벗어난 '극한의 사안'에 대해 불교윤리적 지침을 마련할 때, '객관적 사실'보다 '주관'을 중시한다는 점이다. 여기서 말하는 주관이란 '주관적 인식이나 동기'를 의미한다. ≪화엄경≫에서 가르치듯이 산[主山神]이든 바다[主海神]든, 해[日光菩薩]든 달[月光菩薩]이든 모든 것이 생명이며 이는 인식의 궁극에서 만나는 무차별의 통찰이다. 그러나 율장에서 보듯이 불교의 생명윤리는 그런 무차별의 통찰이 아니라 '생명과 무생명을 가르는 분별'에 근거한다. 그리고 그런 분별의 선은 유동적이며, 객관세계에 실재하는 것이 아니라 우리의 주관에 의해 그어진다.

32. 불교생명윤리② - 뇌사자와 줄기세포의 활용

최근 수십 년 동안 옛날에는 없던 과학기술들이 참으로 많이 개발되었다. 컴퓨터와 인터넷, 핸드폰과 같은 정보통신 분야에서 특히 괄목할 만하지만, 윤리도덕과 관련하여 우리를 당혹케 만드는 것은 특히 생명공학 분야의 기술들이다. 아직 심장이 뛰고 있는 뇌사자를 해체하여 그의 장기를 다른 환자에게 이식한다. 체외수정을 통해 만들어진 수정란을 어느 정도 키운 다음에 줄기세포 단계가 되었을 때 물리화학적 자극을 가하여 신경, 피부, 뼈, 심근, 혈관, 분비선 등 갖가지 장기세포를 만들어 낸다.

200만 년 전에 인류가 출현하였으나 짐승과 다름없이 살다가, 차축시대(Axial age)를 거치면서 부처님과 공자, 맹자, 소크라테스, 예수 등 성인들의 가르침으로 인해 윤리와 도덕이 보급됨으로써 인간 사회가 짐승의 사회보다 평화롭고 안락한 곳으로 변모하였다. 그러나 최근 들어 과학기술의 발달로 과거에는 상상도 못했던 일들이 나타나면서 우리를 윤리적 혼돈 속으로 몰아가고 있다. 그 일례로 "사람을 죽이지 말라."는 것은 모든 성인들의 공통된 가르침이지만, 수정란과 뇌사자를 '살아 있는 사람'으로 볼 것인지 아닌지 난감하다. 불임부부를 위해서 체외에서 수정란을 만드는데, 자궁에 착상된 것 외에는 폐기된다. 이 때 여분의 수정란을 폐기하는 것은 살인행위인가 아닌가? 심장은 뛰지만 뇌파는 정지한 뇌사자의 경우 길어야 일주일 정도만 생명을 유지할 뿐으로 현대의 의학기술로 살려낼 방법이 없다. 이런 뇌사자의 장기를 떼어 내어 다른 환자에게 이식한다. 이 때 뇌사자의 심장은 멎고 몸은 싸늘하게 식는다. 시체가 된다. 이는 살인행위인가 아닌가? 참으로 난감하지 않을 수 없다.

"사람을 죽이지 말라."는 윤리지침과 관련하여, 뇌사자의 장기이식과 줄기세포의 의학적 활용의 허용과 금지 여부가 문제가 되는 이유는 '뇌사자'나 '줄기세포'가 '사람'이라는 개념의 '주변부'에 위치하기 때문이다. 청년은 사람이다. 장년도 사람이다. 노인도 사람이다. 말기 암 환자도 살아 있는 사람이다. 사형수도 사람이다. 식물인간도 사람이다. 그러면 뇌사자는 사람인가? 또, 어린아이도 사람이다. 소년은 사람이다. 영아도 사람이다. 배 속의 태아도 사람이다. 자궁에 부착된 수정란도 사람이다. 그러면 시험관 속의 수정란도 사람인가? 우리의 몸은 수정란에서 시작하여 태아를 거쳐 소년에서 청년으로 자라나다가, 장년과 노년을 거쳐 죽음을 맞이하여 시체가 된다. '소년, 청년, 장년, 노년' 모두 '사람'이라는 개념의 '중심부'에 위치하지만, '수정란'과 '뇌사자'는 주변부에 위치한다. 생명윤리의 난제는 중심부가 아니라, 이런 주변부에서 발생한다. 낙태와 안락사도 '주변부'의 문제에 속한다. '사람 개념'의 주변부에서는 '살인'이라는 '가치'의 문제가 '사람의 범위'라는 '인식'의 문제와 만난다.

불전의 가르침에 비추어 볼 때 개념의 중심부에서 일어나는 윤리적 문제의 경우, 철저하게 계와 율을 지켜야 한다. 태아든, 소년이든, 노년이든, 식물인간이든 사람을 죽이면 안 된다. 그러나 개념의 의미가 모호해지는 주변부에서 어떤 행위의 윤리문제를 판단할 때에는, 그런 행위의 '주관적 동기'가 선악의 판단 기준이 된다. 그 행위의 동기가 탐, 진, 치, 만의 번뇌라면 악행이고, 자비심과 구도심이라면 선행이다. 뇌사자나 체세포복제 수정란을 해체할 때 그 동기가 '환자를 위한 순수한 자비심'이라면 그것은 선행으로 살인이 아니다. 그러나 '명예나 돈'과 같은 탐욕이라면 그것은 살인의 악행이다. '인간 개념'의 '객관적 의미'가 모호해지는 개념의 주변부에서는 그 '주관적 동기'에 따라서 선(善)과 악(惡)이 갈라진다.

33. 정보통신문명으로 도래한 화엄의 세계①

　"동해물과 백두산이 마르고 닳도록, 하느님이 보우하사 우리나라 만세." 애국가의 첫 구절이다. 여기서 말하는 하느님은 제석천이다. 제석천은 도리천의 천주인 석제환인(釋帝桓因)의 다른 이름이고, 석제환인은 '신(deva)들의 주인(śakra)이신 인드라'를 의미하는 범어 '샤끄라-데와남-인드라(Śakra Devānām Indra)'의 음사어다. 도리천에는 동, 남, 서, 북의 4방에 각각 여덟 곳의 하늘나라[天]가 있고, 중앙에는 인드라 신이 사는 천궁이 있다고 한다. 4방의 32천궁과 중앙의 1천궁을 합하여 총 33천궁으로 이루어져 있기에 '33천',

또는 '도리천'이라고 부른다. '도리'란 33을 뜻하는 범어 '뜨라야스-뜨링샤'의 앞 부분인 '뜨라야'를 음사한 말이다. 33신들 가운데 주인인 석제환인은 도리천 중앙의 천궁에 거주하며, 줄여서 환인이라고 부르기도 한다. 단군신화에서 '환인 → 환웅 → 단군'으로 내려오는 가계의 시조다. 우리나라의 하느님이다.

화엄학에 의하면 우리가 사는 이 세상은 사바세계와 극락정토가 오버랩 되어 있는 곳이라고 한다. 일반 범부의 눈에 보이는 기세간(器世間)과 깨달은 불보살들의 세계인 지정각세간(智正覺世間)이 중첩되어 있다는 말이다. 기세간은 물리적인 세계이고, 지정각세간은 화장장엄(華藏莊嚴)세계를 의미한다. 깨닫기 전에는 이곳이 사바세계인 줄만 알았는데, 깨닫고 나니까 바로 이곳이 극락이라는 것이다. 우리는 비로자나 법신 부처님의 털구멍 속에 산다. 어디든 정토이고 누구나 부처님이다. 화엄학에서는 열 가지 조망으로 화장장엄 세계의 모습을 묘사하는데 그 가운데 하나가 인다라망경계문(因陀羅網境界門)이다. 위에서 소개한 제석천의 궁전에는 '인다라망'이라는 입체그물이 있는데, 촘촘히 짜인 그물의 매듭마다 '표면이 거울처럼 반짝이는 구슬'이 달려있다. 인다라망경계문이란, 우리가 사는 세계가 '인다라망과 같은 모습을 하고 있다는 통찰'이다. 어느 한 구슬을 보더라도 그 표면에는 다른 모든 구슬의 모습이 비친다. 구슬 표면에 검은 점을 찍으면 다른 모든 구슬에 검은 점이 나타난다. 어느 구슬을 들더라도 사방, 팔방의 모든 구슬이 비친다. 그 구슬이 먼지처럼 작아져도 이는 마찬가지다. 우리 눈에 뚫린 점처럼 작은 동공에 온 세상의 모습이 빨려들어 오듯이, 먼지 한 톨 크기의 공간이 온 우주의 모습을 머금는다. 일미진중함시방(一微塵中含十方)이다. 그렇게 온 우주를 머금은 '빈 점(vacant spot)'들이 온 공간에 꽉 차 있다. 일체진중역여시(一切塵中亦如是)다. 그 어느 곳이라고 하더라도 완벽하다. 부족한 것이 없기에 어디에 있는 누구나 평등하다. 인다라망경계문의 통찰이다.

 그런데 컴퓨터와 인터넷, 휴대폰과 같은 정보통신기기가 개발되면서 사바세계 역시 인다라망처럼 변해가고 있다. 컴퓨터 앞에 앉아서 전 인류와 교류한다. 휴대폰을 통해서 온 사람과 통화한다. 전 세계의 모든 정보가 내 컴퓨터 안으로 들어오고, 내가 웹사이트에 올리는 모든 정보가 전 인류에게 전해진다. 누구나 모든 것을 알 수 있고, 모든 것을 할 수 있다. 누구나 부처님이다. 평등의 세상이다. 이 세상에서 일어나는 모든 일들이, 언제나 모두에게 전해진다. 모든 것이 드러난다. 후미진 곳이 사라진다. 정보통신기기가 만들어낸 가상의 공간에서는 장애인과 비장애인을 구별하지 않는다. 빈부의 차이도 없다. 외모의 우열도 사라진다. 학벌, 나이, 성별, 가문, 권력, 금력의 서열이 모두 무너진다. 누구나 주인공이 되는 평등의 공간이다.

34. 정보통신문명으로 도래한 화엄의 세계②

　정보통신기기가 보급되면서 인류문명이 급선회하였다. 미국의 저널리스트 앨빈 토플러는 이를 제3의 물결이라고 불렀다. 제1의 물결은 농업혁명, 제2의 물결은 산업혁명, 제3의 물결은 정보화혁명을 의미한다. 컴퓨터 앞에 앉아서 인터넷을 켜면 누구나 주인공이 되고, 어디든 세상의 중심이 되며, 모든 사람이 평등하다. 모두가 부처님이고, 어디든 불국정토인 화장장엄세계가 열리는 듯하다. 누구나 천수천안(千手千眼)의 관세음보살이 된다. 모니터의 천안으로 온 세상을 살피고 천수의 자판을 두드려서 모든 일에 개입한다. 최제우, 강일순, 박중빈 등 구한말의 민족종교 지도자들이 꿈꾸었던 후

천개벽의 이념이 실현되고 있는 듯하다.

정보통신기기로 인해서 정신문명의 시대가 열리고 있다. 정보통신기기가 물리적인 일반기계들과 다른 점은 무한한 '의미'를 방출한다는 데 있다. 일반기계들은 대개 하나의 용도만 갖는다. '망치'는 못을 박는 것이고, '다리미'는 옷감을 다리는 것이다. 그러나 정보통신기기의 용도는 무한하다. 영화를 보고, 메일을 보내고, 토론을 하고, 게임을 하고, 그림을 그리고, 음악을 듣고, 문서를 읽고 …. 작은 화면에서 무한한 '의미'를 만들어낸다. '의미'는 정신의 소재가 된다. 물질과 정신을 구분할 때, 물질은 국소적이지만 정신은 보편적이다. 물건은 남에게 주면 내 것이 없어지지만, 생각은 남에게 알려주어도 내 것이 줄지 않는다. "발 없는 말이 천리 간다."고 하듯이 '정신적인 것'은 무한히 퍼진다. 마치 빛이 그렇듯이 정신은 편재한다. 정신의 보편성, 편재성은 자비심의 원천이다. 남의 고통은 물질인 몸이 아니라 마음으로 전달되기 때문이다. 사람이 짐승과 다른 점은 "남이 보는 앞에서 악한 짓을 못한다."는 점이다. 정보통신기기로 인해서 정의로운 사회가 만들어지는 이유가 이에 있다. 모든 곳에서 일어나는 일이 모든 사람에게 알려지기 때문이다. 누가 어떤 일을 하더라도 결국은 모두 남들에게 드러나기에 은밀하게 행해지던 악이 서서히 자취를 감춘다. 물질의 세계에서는 강한 것이 약한 것을 제압하지만, 정신의 세계에서는 선한 것이 악한 것을 이긴다.

불세출의 학승이면서 주역과 음양오행 이론 등 외전에도 밝았던 탄허(呑虛)스님(1913~1983)께서는 앞으로는 '금력이나 무력과 같은 동물적 힘'이 아니라 '윤리와 도덕을 갖춘 사람'이 존경받고 통치하는 세상이 된다고 예측하면서, 무기의 역사를 '목(木), 화(火), 토(土), 금(金), 수(水)' 오행(五行)의 상극(相克)관계로 풀이한 바 있다. 목극토(木克土)이기에 몽둥이[木]가 맨주먹[人土]을 이기고, 금극목(金克木)이기에 창이나 칼[金]이 몽둥이를 이기며, 화극금(火克金)이기에 총이나 대포[火]가 창과 칼을 이기고, 수극화(水克火)이기에 수소탄이나 원자탄[水]이 총과 대포를 이긴다. 수소탄이나 원자탄은 수소원자[H]의 차원에서 작용하기에 '수'에 해당한다는 것이다. 그리고 마지막으로 토극화(土克火)이기에 '사람의 힘'[土]이 수소탄과 원자탄[水]을 이긴다. '의미'로 세상을 해석하는 동아시아의 음양오행설에 근거한 것이긴 하지만 그럴 듯한 풀이다. 강대국의 수소탄과 원자탄으로 인해서 지구상에 역설적인 평화가 유지되는 이 시대에 그런 무력을 제압하는 것은 제3의 무력이 아니라 '사람의 힘'이라는 것이다. 여기서 말하는 사람의 힘은 컴퓨터 앞에 앉아서 불의에 항거하며 댓글을 다는 '이름 없는 네티즌의 손가락'일 수도 있고, 소셜 네트워크로 연락을 주고받으면서 구호를 외치는 '시민운동가들의 맨주먹'일 수도 있을 것이다. 정보통신문명으로 인해서 우리사회는 누구나 부처님이고 어느 곳이든 불국정토인 화장장엄세계를 닮아 간다.

35. 윤회의 탈출구는 색계에 있다①

부처님 가르침에 의하면 모든 생명체는 욕계(欲界), 색계(色界), 무색계(無色界)의 세 곳에서 살아간다고 한다. 이를 삼계(三界)라고 부른다. 삼계를 육도(六道)와 비교하면 '지옥, 축생, 아귀, 인간, 아수라'의 오도(五道), 그리고 천상 가운데 남녀의 성(Sex)이 있는 육욕천은 욕계에 속한다. 욕계를 범어로 까마로까(Kāma-loka)라고 하는데, 까마란 성욕(性慾)을 포함한 동물적인 욕망을 의미한다. 욕계 중생은 몸과 정신과 성을 갖고 있고, 색계 중생은 몸과 정신으로 이루어져 있으며, 무색계에는 '정신적인 삼매경'만 있을 뿐이다. 인간과 축생은 욕계에 사는 중생으로 그 몸이 고기로 이루어져 있다. 욕계에서는 내가 남의 고기를 먹든지, 남이 내 고기를 먹는다. 또 교미를 통해서 2세를 생산한다. 식욕과 성욕이 '고기 몸'의 핵심이다. 식욕과 성욕은 우리 몸의 중앙에 달린 입과 성기를 통해서 충족된다. 동물적인 삶이다. 이런 '고기 몸'을 '나'라고 생각하는 것을 '욕계의 유신견(有身見)'이라고 한다. 유신견이란 '몸이 있다는 생각'을 의미한다. 식욕과 성욕의 굴레에서 벗어나지 못할 경우 내생에 다시 욕계에 태어난다. 먹고 먹히며, 뺏고 뺏기며, 죽이고 죽는 '고기 몸의 비극'을 다시 되풀이해야 한다.

부처님의 가르침을 한 마디로 요약하면 '동물적 삶에서 벗어나는 것'이다. 윤회에서 벗어나는 것이다. 불교에서는 삼계 가운데 색계를 가장 중시한다. 윤회의 탈출구가 색계에 있기 때문이다. 정(定)과 혜(慧)가 균등해야 연기와 공성을 올바로 통찰할 수 있어서 탐, 진, 치, 만과 같은 번뇌의 뿌리가 뽑히는데, 정과 혜를 균등히 닦을 수 있는 곳이 바로 색계다. 정은 삼매, 혜는 지혜인데, 욕계에서는 삼매보다 분별의 힘이 강하여 세상을 올바로 통찰하지 못하고, 무색계의 경지에 오르면 지혜보다 삼매의 힘이 강하여 세상을 제대로 통찰할 수 없으며, 그 중간 지점인 색계에서만 삼매와 지혜의 힘이 균등하다고 한다. 풀어서 말하면 '곰곰이 생각'할 수 있는 곳은 삼계 가운데 색계뿐이란 것이다. '곰곰이[止] 생각하는[觀] 것'을 함께 묶어서 지관쌍운(止觀雙運)이라고 부른다. 지 수행의 결과가 정(定)이고, 관 수행의 목표는 혜(慧)다. 엄밀히 말하면 '지관'은 수행의 '방법'이고 '정혜'는 그런 수행의 '결과'다. 지관 수행을 한 마디로 선(禪)이라고 부른다. 선을 '정려(靜慮)'라고 쓰기도 한다. 정(靜)은 지(止)에 해당하고, 려(慮)는 관(觀)을 의미한다. '고요히[靜] 생각하는 것[慮]'이 선이다. 그리고 이런 선의 세계가 바로 색계다.

색계는 '초선(初禪), 제2선, 제3선, 제4선'의 네 단계로 구분된다. 이런 선의 경지를 체득할 경우 비로소 지관쌍운을 통해 세상의 진상을 올바로 통찰할 수 있다. 세상의 진상은 연기(緣起)와 공(空)이다. 진정한 선을 닦기 위해서는 수행자의 마음이 욕계에서 벗어나 색계로 진입해야 한다. '욕계의 유신견', 즉 '고기 몸에 대한 집착'에서 벗어나 있어야 한다. 그 방법은 지계행이다. 계행이 완성될 때 욕계를 벗어나고 색계에 오른다. 그 후 평안한 마음으로 나와 세상, 삶과 죽음을 통찰하여 연기와 공성을 발견함으로써 '모든 것이 허구'임을 깨달을 때 모든 번뇌가 사라진다. 지관쌍운, 정혜쌍수를 통해 공성을 자각하여 삼독의 뿌리가 뽑히는 것이다. 이 때 '나의 고기 몸'에 대해 정나미가 떨어지게 만드는 '부정관(不淨觀)'이나 '고기 몸을 갖고서 약육강식의 욕계에서 먹고 먹히면서 살아가야 하는 다른 존재들'에 대해 연민하는 '자비관(慈悲觀)' 역시 수행자의 마음이 색계의 경지에 오르도록 돕는다.

36. 윤회의 탈출구는 색계에 있다②

싯다르타 태자는 12세 어린나이에 농경제에 참석했다가, 농부의 쟁기질로 꿈틀거리는 벌레, 쏜살같이 내려와서 그 벌레를 입에 물고 공중으로 날아가는 작은 새, 그 작은 새를 덥석 잡아채는 큰 새의 모습을 보고서 비감에 젖어 염부수 아래 앉아 명상에 잠긴다. 그 때 태자의 마음은 삼계 가운데 색계(色界)의 첫 단계인 초선(初禪)의 경지에 올랐다고 한다. 그 후 29세에 출가하여 6년간 온갖 수행을 체험하다가 그 모두를 버리고 보리수 아래에 앉은 싯다르타 태자는 어린 시절 농경제의 기억을 되살려 선(禪) 수행에 들어간다. 선은 지(止)와 관(觀)을 함께 닦는 정려(靜慮)의 수행으로 '곰곰이(止, 靜) 생각하는 것(觀, 慮)'에 다름 아니다. 몸과 마음과 세상에서 일어나는 모든 일들을 '있는 그대로(如實)' 보는 것이다.

농경제에 참석했던 싯다르타 태자가 알게 된 것은 '먹고 먹히는' 약육강식의 법칙이 지배하는 생명의 세계였다. '고기 몸'의 비극이었다. 이를 회상할 때 태자의 마음이 색계 초선의 경지에 오른 이유는, 먹거나 먹혀야 하는 '욕계의 고기 몸'에 대해서 정나미가 떨어지는 마음과, 그럼에도 불구하고 그런 '고기 몸'을 갖고서 살아가야 하는 욕계의 가련한 중생들에 대한 자비의 마음이 절실했기 때문이었다. 후대의 불교이론가들은 전자를 부정관(不淨觀), 후자를 자비관(慈悲觀)이라고 부른다. 초기불전에서는 자비희사(慈悲喜捨)의 사무량심을, 사범주(四梵住)라고도 부르는데, 색계인 범천(梵)의 세계에 올라서 머물게(住) 하는 네 가지(四) 마음자세라는 뜻이다. 고기 몸을 갖는 '욕계의 모든 존재들'이 행복하기 바라고(慈), 고통이 없기를 바라는(悲) 마음이 지극할 때, 수행자는 색계 초선의 경지에 오른다.

욕계 중생에게는 남녀, 암수의 '성(Sex)'이 있으나 색계의 천신에게는 성(性)이 없으며, 욕계 중생은 '덩어리 밥(段食)'을 먹어야 하지만 색계의 천신은 '감각(觸食), 생각(思食), 인식(識食)'만을 먹고 산다고 한다. 스님들께서 이성(異性)을 멀리 하고, 음식을 절제하며, 엄중하게 계를 지키면서 사시는 것은 그 마음이 색계의 차원으로 올라가야하기 때문이다. 윤회의 탈출구는 욕계를 벗어난 색계에 있다. 색계의 경지가 되어야 진정한 지관쌍운, 정혜쌍수가 가능하며, 연기(緣起)와 공(空)을 통찰하여 번뇌의 뿌리를 뽑을 수 있다.

또 초기불전에서 사과(四果)의 성인을 구별할 때에도 그 기준은

'욕계의 탈출' 여부에 있다. 예류과(預流果)의 경우 '극칠반(極七返)'이라고 하는데, 그 의미는 "윤회하면서 기껏해야(極) 일곱(七) 생만 욕계로 되돌아온다(返)."는 뜻이다. 그 이후에는 반드시 색계 이상의 경지로 오르는 불퇴전의 경지다. 일래과(一來果)는 '내생에 한(一) 번만 욕계로 오고(來), 그 이후에는 색계 이상으로 오르는 성자'를 의미한다. 불환과(不還果)는 '죽은 후 다시는 욕계로 돌아오지(還) 않고(不), 색계 이상으로 오르는 성자'를 의미한다. 그리고 아라한은 '모든 번뇌를 끊었기에 다시 태어나지 않는 성자'다. 그 마음이 윤회에서 완전히 벗어난 것이다. 삼계를 탈출한 것이다.

보리수 아래 앉은 싯다르타 태자는 농경제의 기억을 되살려 삶과 죽음, 생명과 세계의 정체에 대해 '곰곰이 생각하는' 선 수행에 들었고 색계 제4선의 경지에서 깨달음이 열렸다고 한다. 제4선이란 호흡이 잦아들고, 전생이 모두 회상되는 경지다. 숙명통이다. 이어서 다른 생명체의 전생과 내생을 짐작하는 천안통이 열리고, 새벽이 되어 모든 번뇌가 사라진 누진통이 열리면서 부처님이 되셨다. 이 역시 색계의 차원에서 일어난 일이다.

37. 어린아이의 마음은 수행자를 닮았다.

　불전에서는 생명체가 살아가는 윤회의 현장으로 욕계, 색계, 무색계의 삼계를 말한다. 이 가운데 욕계나 무색계가 무엇인지 짐작하는 것은 그리 어렵지 않다. 욕계는 남녀나 암수와 같은 성(Sex)이 있는 곳으로 우리와 같은 인간이나 짐승, 또 눈에는 보이지 않지만 성(性)을 갖는 천신인 육욕천(六欲天)이나 아귀, 지옥중생이 사는 곳이다. 무색계의 경우 '육체와 같은 물질[色]'이 없기에[無] 공간적 위치를 갖지 않는다. 요가 수행자 개개인이 체득하는 '삼매의 경지'로 그 깊이에 따라서 공무변처(空無邊處), 식무변처(識無邊處), 무소유처(無所有處), 비상비비상처(非想非非想處)의 네 가지로 구분된다. 공무변처란 '객관대상인 허공'이 무한히 펼쳐진 삼매이고, 식무

변처는 '주관인 인식'이 무한히 펼쳐진 삼매이며, 무소유처는 객관과 주관이 모두 끊어져서 아무것도 없는 삼매이고, 비상비비상처는 그렇게 '아무것도 없다는 생각[想]'조차 없어졌지만[非], 그렇다고 해서 생각[想]이 아예 없는[非] 것은 아닌[非] 삼매라고 한다.

윤회의 탈출구는 색계에 있다고 한다. (물론 교학적으로 정밀하게 말하면, 색계 초선(初禪)의 경지에 도달하기 직전인 미지정(未至定)의 경지에만 올라도 무루지(無漏智)를 발생시킬 수 있어서 비상비비상처의 번뇌까지 삼계 전체의 번뇌를 끊을 수 있다.) 계를 완성하였기에 욕계의 번뇌가 모두 끊어졌고, 정혜쌍수가 가능하여 연기(緣起)와 공성(空性)을 체득할 수 있기 때문이다. 그러면 색계의 경지에 오른 수행자는 어떤 분일까? 불전에 의하면 욕탐과 분노[瞋]가 없는 곳이 색계이기에 성욕이나 식욕과 같은 동물적인 욕망도 모두 끊고, 어떤 일에도 화가 나지 않아야 그 마음이 색계의 경지에 올랐다고 할 수 있을 것이다. 또 색계는 '집중[止, 定]과 관찰[觀, 慧]이 균등한 선(禪)의 경지'이기에 색계 4선의 어느 단계에 오른 수행자라면 항상 '곰곰이[止] 생각할[觀]' 수 있어야 할 것이다.

그런데 우리는 어린아이들에게서 색계의 경지에 오른 수행자의 모습을 볼 수 있다. 사춘기 이전의 아이들에게 이성(異性)에 대한 동물적 욕망이 있을 리가 없다. '엄마에게 가장 듣기 좋은 소리는 아기 목구멍으로 밥 넘어가는 소리'라고 하듯이 서너 살 된 애기들에게 밥 먹이기는 참으로 고역이 아닐 수 없다. 아이들은 어른에 비해서 성욕이나 식욕이 적다. 또 '욕망과 분노를 억누르며 살아가는 어른'과 달리 아이들에게는 잡념이 없다. 항상 자기가 하는 일에 집중하며 주변의 모든 것들을 골똘히 바라본다. '곰곰이[止] 생각하는 [觀]' 선(禪) 수행과 다를 게 없다. 아이들은 언제나 '사마타의 지(止) 수행'과 '위빠싸나의 관(觀) 수행'을 겸수(兼修)하면서 살아간다. 물론 마음에 큰 상처를 입지 않은 아이들, 정상적으로 성장한 아이들의 경우에 그렇다는 말이다.

성욕이나 식욕과 같은 감성적 욕구가 강하지 않기에, 그런 욕구로 인한 마음의 흔들림이 없어서[戒], 항상 자기가 하는 일을 집중하면서 바라볼[定慧] 수 있는 어린아이들의 삶은 '계, 정, 혜 삼학의 수행'과 다를 게 없다. 색계의 경지에 오른 수행자의 모습, 천진불(天眞佛)의 모습이다. 그야말로 아이들의 행, 주, 좌, 와는 모두 선(禪)이다. 3천 배, 장좌불와, 돈오돈수 등으로 우리에게 잘 알려진 성철(性徹) 스님(1912~1993)께서는 특히 아이들을 좋아하셨다고 한다. 천진불과 같은 아이들의 마음이 '지계청정하게 살면서 화두를 골똘히 참구하는 선승(禪僧)의 마음', '계정혜 삼학을 닦는 선승의 마음'을 닮았기 때문일 것이다.

38. 티벳불교에서 배우는 불교 현대화 방안

　달라이라마 스님의 감화력으로 인해서 지금은 많이 달라졌지만, 과거의 우리나라 불교인 가운데 티벳불교에 대해 거부감을 갖는 분들이 적지 않았다. 그도 그럴 것이, 출가하여 독신으로 생활하며 수행하는 것이 부처님 이후 모든 스님들의 삶인데 티벳의 사원에는 남녀가 앉은 자세로 부둥켜안고 성교를 하는 모습의 불상이 모셔져 있다. 얍윰(Yab Yum) 또는 부모존(父母尊)이라고 불리는 합체존(合體尊)이다. 참으로 외설적이고 흉측하고 볼썽사납다.

　"身體髮膚(신체발부)는 受之父母(수지부모)니 不敢毁傷(불감훼상)이 孝之始也(효지시야)요."라는 공자님의 말씀을 가슴 깊이 새기고,

부관참시(剖棺斬屍)를 치욕의 형벌로 생각하던 유교문화권에서 살아온 우리가 보기에, 풍장(風葬) 또는 조장(鳥葬)이라고 불리는 티벳의 장례의식은 불경스러운 것은 물론이고 엽기적이기까지 하다. 장례식을 마무리 하면서 스님들이 시신을 메고 산 위로 올라가 냄새가 진한 향을 피운다. 수백 년간 장례식 때마다 피워온 그 냄새를 맡고 독수리 떼가 몰려온다. 스님들은 칼로 시체의 배를 갈라 내장을 꺼내고 팔과 다리, 목을 툭툭 잘라서 독수리 먹이로 준다. 시신이 깔끔히 정리되면 스님들은 가사와 손이 피투성이가 된 채로 산을 내려온다. 티벳불교의 전통적인 장례의식이다.

티벳밀교에서 스승이 제자의 귀의를 받는 관정의식은 무속인들의 '내림 굿'과 다를 게 없고, 티벳사원을 가면 우리나라의 성황당에서 보던 오색찬란한 깃발들이 바람에 나부낀다. 외설, 엽기, 무당, 미신 …. 티벳불교의 외형만을 본 많은 사람들은 이런 단어들을 떠올리면서 거부감을 넘어서 혐오감조차 느낄 수 있다. 그러나 티벳인들이 이러한 외형에 부여한 의미를 알고 나면 우리는 그들의 지혜에 감탄하게 된다. 합체존은 원래 힌두밀교에서 우주창조를 상징하는 존상(尊像)이었다. 앉아 있는 남존은 파괴의 신인 쉬바(Śiva)이고 여존은 성력(性力)을 의미하는 샤끄띠(Śakti)였다. 쉬바와 샤끄띠의 합체는 우주창조를 상징하였다. 인도불교 말기에 힌두밀교에서 성적인 종교의례가 널리 퍼지면서 불교사원에도 이런 합체존이 모셔진다. 그러나 불교인들은 이에 대해 새로운 의미를 부여하였다. 남존은 '자비의 방편'을 의미하고, 여존은 '반야의 지혜'를 의미하며, 합체의 오르가즘은 '깨달음의 대락(大樂)'을 상징한다. 힌두밀교의 합체존이

'지혜와 자비를 갖춘 깨달음'의 상징으로 변신한 것이다.

티벳고원은 추운 곳이라서 시체가 썩지 않는다. 화장을 하려고 해도 나무가 귀하다. 그래서 피치 못하게 시신을 독수리에게 먹이로 주는 조장, 또는 풍장의 풍습이 있었는데, 불교가 전래된 후에도 이 풍습을 바꿀 수는 없었다. 티벳의 불교인들은 이런 장례의식을 그대로 계승하면서 새롭게 두 가지 의미를 부여했다. 하나는 "나의 시체를 배고픈 중생을 위해 보시한다."는 것이고 다른 하나는 "이 몸이 언젠가 독수리의 밥이 될 것을 알기에 집착에서 벗어난다."는 것이었다. 새로운 의미부여로 인해서 티벳의 전통적인 조장(鳥葬)이 자비심을 키우고 탐욕을 제거하는 불교수행의 한 방편으로 재탄생했던 것이다.

근대화 이후 물밀듯이 들어온 서구 문물의 홍수 속에 살고 있는 지금 우리나라에서 불교를 현대화하고자 할 때, 과거 티벳인들이 불교 밖의 문물과 의례를 불교적으로 변형시켰던 방식이 좋은 참고가 된다. 새로운 의미부여! 티벳인들이 힌두밀교의 합체존이나 전통적인 조장풍습에 대해서 그렇게 했듯이, 서구에서 들어온 문물과 제도의 외형에 불교적 의미를 부여하여 이를 널리 보급하는 것. 우리사회에서 불교를 현대화 하는 가장 빠른 방법이다.

39. 하얀 면사포를 쓴 신부는 관세음보 살 - 불교적인 결혼예식

참으로 엉망진창이다. 지금 우리사회에서 치러지는 결혼식 대부분이 그렇다는 말이다. 서양의 성당이나 교회에서 치러지던 기독교 방식의 결혼식이 그대로 이식되었기에, 목사나 신부(神父)의 역할을 대신하여 주례가 있고 신랑은 검은 양복을 입고 신부(新婦)가 하얀 드레스에 면사포를 쓴다. 이 이외의 절차는 서양의 것도 아니고 우리의 것도 아니다.

결혼식장의 위치가 어떻든 간에 주례가 선 곳을 '북쪽'으로 간주한다. 객석에서 주례를 바라보면서 우측은 동쪽이고 좌측은 서쪽에 해당한다. 동아시아의 음양(陰陽) 이론에 비추어 볼 때 신랑 측의 하객은 양의 방향인 동쪽인 우측에 앉아야 하고, 신부 측의 하객은 음의 방향인 서쪽인 좌측에 앉아야 한다. 서양의 기독교식 결혼식의 경우도 하객의 자리배치는 이와 마찬가지다. 그런데 우리나라의 예식장 대부분에서는 신랑의 하객을 좌측에 신부 하객을 우측에 앉힌다. 예식장의 책임자가 '남좌여우(男左女右)'라는 말은 들은 적이 있고, "어디에 앉아야 하는지?" 묻는 사람이 대부분 하객들이기에, 얼떨결에 남좌여우 방식의 자리배치가 정착한 것으로 짐작된다.

예식이 시작되면 신랑과 신부의 어머니가 촛불을 밝힌다. 화촉(華燭)의 순간이다. 그런데 양가(兩家) 어머니의 치마와 초의 색깔이 뒤바뀌어 있다. 파란색 치마를 입은 신랑의 어머니가 파란색 초에 불을 붙이고, 붉은색 치마를 입은 신부의 어머니가 붉은색 초에 불을 붙인다. 그러나 음양 이론에서 파랑은 음(陰)인 여성의 색깔이고 빨강은 양(陽)인 남성의 색이기에 붉은색은 신랑, 파란색은 신부 쪽에서 사용해야 한다. 우리나라의 결혼식 대부분에서 색깔을 이와 반대로 적용한다. 파란색은 '씩씩한 남자'의 색, 빨간색은 '다정다감한 여자의 색'이라는 '이 시대의 심미안'이 '전통의 음양 이론'을 제압했나보다. '의미 있는 결혼예식'이 되려면 하객들이 앉는 좌석의 배치나 양가 어머니가 입는 한복의 색깔, 화촉에 사용하는 초의 색깔 모두 음양의 이치에 맞게 되돌려야 것이다.

그러면 불교인들은 어떻게 결혼식을 치러야 할까? 사찰에서 스님의 주례로 치를 수도 있겠지만, 스님이 남녀의 짝을 맺어주는 것은 원칙적으로 율(律)에 어긋나는 일이기에 사찰결혼식을 보편화하기는 힘들다. 또 서구 문화에 젖은 젊은 연인들 가운데 전통사찰에서 결혼식을 치르려고 하는 사람 역시 많지 않을 것이다. 그러면 어떻게 해야 할 것인가? 여기서 우리는 티벳인들의 불교수용 방식을 참조할 수 있다. 티벳의 불교인들이 힌두밀교의 합체존(合體存)과 전통적인 조장(鳥葬)에 대해, 그 외형은 그대로 두고서 그 의미만 불교적으로 변형시켜서 불교의 존상과 의례로 사용해 왔듯이, 현재 우리 사회에서 치러지는 결혼예식의 외형을 그대로 두고서 그 의미만 불교적으로 변형시키면 된다. 결혼식장을 극락정토라고 생각한다. 주례는 극락정토를 주관하시는 아미타부처님이다. 검은 예복을 입은 신랑은 아미타불의 우보처인 대세지보살이고 신부는 좌보처인 관세음보살이다. 하얀 면사포를 쓴 신부를 백의(白衣)관음이라고 부르면 더 좋을 것이다. 결혼식은 아미타불과 대세지보살과 관세음보살의 미타삼존이 출현하는 장중한 예식이다. 주례사에 다음과 같은 내용을 넣는다. "신랑은 대세지보살과 같은 지혜로 가정을 잘 이끌고, 신부는 관세음보살과 같은 자비로 가족을 감싸기 바랍니다." 신랑과 신부는 앞으로 가정을 극락과 같이 꾸려가겠다고 다짐한다. 지금의 결혼식 외형을 그대로 두고서, 불교적 결혼예식으로 바꾸는 가장 손쉬운 방법이다.

40. 어머니인 모든 중생을 위해 올리는 차례

조선시대를 거치면서 우리 사회에 정착한 유교적인 관혼상제 의례 가운데 대표적인 것이 제례일 것이다. 고조부모까지 기일에 지내는 것을 기제사라고 부르고, 이들 4대까지의 조상을 대상으로 설이나 한가위 같은 명절에 지내는 것을 차례라고 부른다. 가정의례준칙이 선포된 후에는 이들 제례가 간략해져서 제주로부터 2대조의 조상 즉, 조부모까지를 그 대상으로 삼아야 하지만, 이런 준칙이 그대로 지켜지는 경우는 드물고 지역마다 집안마다 제례에 참가하는 사람의 범위와 대상, 음식의 종류와 순서 등이 각양각색이다. 명절에 지내는 차례의 경우도 4대를 넘어 돌아가신 조상 전체를 대상으로 삼기도 한다.

최근에 조계종 포교원에서 재가불자를 위한 제례 지침서인 ≪불교상제례안내≫를 발간하였다. 제사상에 고기나 생선과 같이 살생을 통해 얻어진 음식을 올리는 대신에 육법공양에 해당하는 향, 초, 꽃, 차, 과일, 밥을 올리고, 오계 가운데 불음주계에 저촉되는 술 대신에 차를 올리게 한다. 참으로 여법한 제례 지침이며 앞으로 불자들은 물론이고 일반인들에게도 이를 널리 알리고 실천을 독려해야 하겠지만, 이렇게 새로운 '불교제례'를 우리사회의 보편적인 제례방식으로 정착시키려면 참으로 많은 노력이 필요하고 오랜 시일이 걸릴 것이다. 그런데 티벳인들이 '불교적 의미부여'를 통해 샤머니즘과 힌두교의 의례, 도구, 존상 등을 불교적인 의례와 성물(聖物)로 재창출했던 방식을 벤치마킹하여, 우리의 전통적인 제례에 대해서 불교적으로 새로운 의미를 부여해줄 경우 보다 빠르고 쉽게 불교적인 제례가 우리사회에 뿌리내릴 수 있을 것 같다.

티벳불교의 ≪보리도차제론≫에서는 모든 생명체를 향한 우리의 자비심을 강화시키는 수행법으로 '칠종인과(七種因果)의 명상'을 제시한다. '칠종인과의 명상'이란 '일곱 단계로 이어지는 명상'이란 뜻으로 '①지모(知母)→ ②염은(念恩)→ ③보은(報恩)→ ④수자(修慈)→ ⑤수비(修悲)→ ⑥강화(强化)→ ⑦보리심(菩提心)'의 순서로 생각을 떠올린다. 먼저 모든 중생이 전생에 한 번 이상 나의 어머니였던 적이 있을 것이라고 생각하고(①지모), 모든 어머니들이 자식에게 베푸는 은혜를 생각하며(②염은), 전생에 어머니였던 모든 중생에게 그 은혜를 갚겠다고 다짐한 후(③보은), 모든 중생이 행복하기를 바라는 자심(慈心)을 닦고(④수자), 모든 중생에게 괴로움이 없기를 기원하는 비심(悲心)을 닦으며(⑤수비), 자심과 비심의 두 가지 마음을 더욱 강화시킨 다음에(⑥강화), 어머니였던 모든 중생의 은혜를 갚는 최고의 방법은 내가 부처가 되어 그들을 제도하는 것이라는 생각에서 보리심을 발한다(⑦보리심). 어머니였던 모든 중생의 은혜를 갚기 위해 성불을 지향하는 보살의 삶을 사는 것이다.

그런데 이런 칠종인과의 통찰을 전통적인 차례에 적용할 경우 불교적인 차례가 창출될 수 있다. 차례에서는 4대조까지만 모시는 것이 원칙이지만, 일반적으로 나의 조상 전체를 대상으로 삼는다. 나에게는 무한한 조상이 있었을 것이다. 모든 생명체가 윤회하기에 나의 모든 조상들 역시 계속 몸을 바꿔가면서 현재 인간이나 짐승 등으로 살아가고 있을 것이다. 그렇다면 내가 만나는 어떤 생명체든 전생에 나의 조상이었을 것이다. 차례에서 모시는 나의 조상들은 내가 만나는 모든 생명체에 다름 아니었다. 차례에서 향을 피우고 절을 하고 술을 올릴 때 나의 조상이었던 내 주변의 모든 생명체들이 행복하고 고통이 없기를 기원한다. 외형은 전통방식을 따르지만 그에 임하는 마음가짐만 바꿈으로써 불교적 차례가 창출된다.

41. 태교 이전에 입태 기도

우리나라 사람의 경우 나이를 물으면 '원 나이'와 '만 나이'를 나누어 답한다. 예를 들어 "원 나이는 서른이지만 만으로는 스물아홉입니다."라고 대답한다. '만 나이'는 어머니 몸 밖으로 나온 날, 즉 생일날 이후 지금까지 살아 온 기간으로 계산하고, '원 나이'는 햇수로 계산하기에, 일반적으로 '만 나이'로 계산하는 것이 합리적이라고 생각한다. 그러나 내가 이 세상에 출현한 시기를 어머니의 자궁 속에 수태된 때로 잡으면 열 달의 임신 기간을 합산해야 하기에 '만 나이'가 아니라 '원 나이'가 옳다.

불전의 가르침에 비추어 보아도 현생의 시작은 생일날이 아니라 수태의 순간이다. 모든 생명체는 몸과 마음으로 이루어져 있다. 마음을 세분하면 수(受: 느낌), 상(想, 생각), 행(行, 의지), 식(識, 마음)이 되며 여기에 몸인 색(色)을 합한 것이 '색, 수, 상, 행, 식'의 오온(五蘊)이다. 오온은 '쌓임'를 의미하는 범어 스깐다(skandha)의 번역어로 구역에서는 오음(五陰)이라고 번역하였다. 죽는 순간의 오음을 사음(死陰), 탄생하는 순간의 오음을 생음(生陰), 사망 후 탄생하기 전까지 중간 단계의 오음을 중음(中陰)이라고 한다. 티벳에서는 중음의 삶을 '바르도(bar do)'라고 부른다. '사망과 탄생의 둘(do) 사이(bar)'라는 뜻이다.

중음이란 소위 귀신이다. 불교의 부파 가운데 설일체유부에서는 중음을 인정하지만 상좌부의 논서에서는 중음에 대한 언급이 없다. 부파 간의 이런 이견(異見)에 근거하여 중음의 존재 여부에 대해 학문적으로 논란을 벌이긴 하지만, 중음을 육도윤회의 세계 가운데 아귀도(餓鬼道)의 일부로 볼 경우 양측의 이견은 회통된다. 예를 들어 인간으로 살다가 죽어서 귀신이 되었다가 짐승으로 태어날 경우 상좌부에서는 '인간→ 아귀→ 짐승'으로 보는데 설일체유부에서는 동일한 과정을 '인간→ 중음→ 짐승'으로 표현하는 것일 뿐이다.

≪구사론≫에 의하면 우리가 죽으면 이런 중음신(中陰身)으로 떠돌다가, 남녀 또는 암수가 성교하는 장면을 보고서 음심을 내어 수정란에 부착한다고 한다. '아버지의 정(精), 어머니의 혈(血), 그리고 중음신'의 삼자가 화합해서 수태가 이루어진다는 것이다. 이때의 중음신을 간다르바(gandharva) 또는 식(識)이라고 부르기도 한다. 중음신은 전생에 지었던 업의 씨앗을 모두 간직하고 있다. 따라서 젊은 남녀가 결혼식을 올리고 부부가 되어 아이를 낳아서 훌륭하게

기르고자 할 때, 가장 중요한 시기는 수태의 순간이다. 임신 후 태교도 중요하고, 출산 후 영유아기의 영양과 교육도 중요하지만 가장 중요한 것은 수태의 순간에 '훌륭한 중음신'을 맞이하는 것이다.

　불전의 가르침에 의하면 태교를 통해서 태아가 변하는 것이 아니라 태아가 모체와 집안 분위기를 변화시킨다고 한다. 다시 말해서 어떤 중음신이 자궁으로 들어왔는가에 따라서 어머니가 변하고 집안이 달라진다는 것이다. ≪대지도론≫에서는 사리불을 임신한 후 갑자기 총명해진 어머니의 일화를 전하며, ≪화엄경≫ 「입법계품」에서는 선재동자를 임신하자 그 집안에 여러 가지 상서로운 일이 일어났다고 쓰고 있다. 따라서 좋은 자손을 두고자 할 때 가장 중요한 것은 태교가 아니라 수정의 순간에 좋은 태가 들어오게 하는 것이다. 생명을 탄생시키는 성행위가 쾌락의 도구로 전락하고, 낙태가 횡행하는 이 시대에 좋은 태가 들어오기를 부부가 함께 발원하면서 지극한 마음으로 불보살께 기도를 올리는 불교의식, 즉 입태기도(入胎祈禱) 의식이 새롭게 창출되어도 좋을 것이다.

42. 종교적 오리엔탈리즘

'오리엔탈리즘(Orientalism)'이란 학문용어가 있다. '동방취향'을 뜻하는 말로 에드워드 사이드(1935~2003)가 1978년에 발간한 세계적인 베스트셀러의 제목이기도 하다. 사이드 이후 오리엔탈리즘은 '동양에 대한 서양인들의 왜곡된 인식'을 의미하는 용어로 정착되었다. 동양과 서양을 구분한 후 서양의 것은 과학적이고 합리적이며 우월한 반면, 동양의 것은 비과학적이고 비합리적이며 열등하다고 멸시하는 편견이다. 서구인들에 의해서 만들어진 이런 편견은 어느새 동양인들의 의식 속에도 깊이 스며있다. 사이드는 자신의 저술에서 수많은 예를 들어가면서 오리엔탈리즘의 형성과정과 그 허구성을 낱낱이 폭로한다.

그런데 이런 오리엔탈리즘의 담론들이 우리 사회에도 널리 퍼져 있다. 그 가운데 하나가 '종교적 오리엔탈리즘'이다. 흔히 "불교는 자비의 종교라고 하면서 다른 종교에 비해서 사회복지에 대해서 무관심했다."고 말한다. 그러나 "집도 절도 없다."는 속담에서 알 수 있듯이, 예로부터 집이 없는 사람들은 절에서 받아 주었다. 우리나라의 사찰은 수행과 신앙의 공간이면서 무주상보시의 가르침을 그대로 실천하는 진정한 복지시설이기도 했다. 부모 없는 아이들, 자식 없는 노인들을 모두 거두어 준 곳이 바로 사찰이었다. 다만 간판을 걸지 않았기 때문에 그 역할이 눈에 띄지 않았을 뿐인데, 근현대 이후 우리 사회의 많은 사람들이 이렇게 '티 내지 않는' 진정한 사회복지를 '사회복지에 대해서 무관심'으로 호도하였다.

또, 누가 퍼뜨렸는지는 몰라도 최근에는 "불교인들은 학문적으로 폐쇄적이다. 기독교인 중에는 불교학자가 많이 있는데, 불교인 중에는 기독교 신학자가 없는 것이 그 증거다."라는 궤변이 횡행한다. 물론 불교인 가운데서 기독교 신학자가 배출될 수 있다. 그러나 그렇기 위해서는 인류의 역사가 지금과는 정반대로 전개되었어야 한다. 지금과 달리 중국, 일본, 태국 등 불교권의 여러 나라들이 근현대 이후의 세계를 주도했으면 그럴 수 있다는 말이다. 만일 이들 아시아 국가들이 프랑스, 독일, 미국 등 서구를 식민지로 삼고 있었고, 그들을 하나하나 독립시켜서 지금에 이르렀다면 기독교에 대해서, 마치 '오지(奧地)의 민속종교'를 대하듯이 '호기심'과 '연민의 마음'을 갖고서 연구하는 '불교도 신학자'들이 많이 배출되었을 것이다. 그러나 근현대 세계의 정치, 종교 상황은 이와 정반대로 진행되었다.

또, 많은 사람들은 "80년대 민주화운동 당시에 다른 종교인들은 사회현실에 적극 관여했는데 불교인들은 이를 외면했다."고 비판한다. 겉보기에는 그런 것 같다. 그러나 이 역시 한반도의 정치와 종교의 역학관계에 대해 무지한 단견(短見)이다. 정치적 혹한기에 불교가 소극적이었던 것처럼 보인 이유는 한국의 불교인들을 외호하는 국제적 후견세력이 없었기 때문이었다. '국제적 정교혼합조직인 가톨릭'이나 '세계 최강국인 미국의 등에 업힌 개신교'의 경우 단한 사람의 성직자가 구금되어도, 국제적으로 공조하면서 그들을 외호하고 '정치미개국'인 대한민국의 정부에 온갖 압력을 가한다. 그리고 매스컴을 통해서 이런 '영웅담'을 널리 알린다. 그러나 1980년에 일어나 불교계의 정상까지 유린했던 '10.27법란'에서 보듯이 당시의 정치권력이 보기에 불교는 배후에 '무서운 형님'이 없는 만만한 종교였다.

일부 우리나라 사람들의 '서구 숭배 근성'이 만들어 낸 '종교적 오리엔탈리즘'이 어느 결에 불교계에까지 틈입하여 한 귀퉁이를 갉아먹고 있다. '사자(獅子) 신중(身中)의 벌레'와 같다. 하루 빨리 쓸어내야 할 '자학적 불교관'이다.

43. 현대불교의 원동력 - 1960년대의 저항문화운동

우리가 돌봐야 할 사람들이 있다. 우리가 보살펴야 할 사람들이 있다. 우리가 기려야 할 사람들이 있다. 1960년대에 일어났던 저항문화운동(Counterculture Movement)의 주역들이다. 서구사회에 불교가 뿌리내리는 데 결정적인 역할을 한 서구인들이다. 이들은 지금 서구사회에서 명상센터를 운영하기도 하고, 불교학자로 활동하기도 하며, 각종 NGO를 결성하여 반전운동, 반핵운동, 환경운동 등 생명운동과 평화운동을 리드하고 있다.

월남전 당시 미국의 병역제도는 우리와 마찬가지로 강제적인 징병제였다. 월남전이 발발하자 미국의 수많은 젊은이들이 전선에 투입되어 사망하였다. 월남전의 미군 전사자가 5만8천명에 달했다고 한다. 고등학교를 졸업한 후 함께 생활하던 많은 친구들이 월남에서 시신이 되어 돌아온다. 제1차 세계대전 이후 서구의 많은 젊은이들이 계속 전쟁에 동원되었지만 저항할 마음을 내지 못했는데, 1960년 대한민국에서 일어난 4.19혁명의 성공을 보고서 희망의 싹을 발견하곤 몇몇이 모여 바로 그 다음 달인 5월에 정치모임을 결성한다. 'S.D.S'라고 약칭하는 '민주사회를 위한 학생모임(Students for a Democratic Society)'이었다. 미시간 대학의 앤아버(Ann Arbor) 캠퍼스에서 첫 모임이 열렸고 이들이 성전(聖典)으로 삼았던 책은 후기 산업사회의 인간소외를 폭로한 마르쿠제의 '1차원적 인간'이었다.

4년여의 숙성기가 지난 1964년 12월에 대학생을 중심으로 미국의 젊은이들이 캘리포니아 대학 버클리 캠퍼스를 점거하면서 소위 '60년대의 학생운동'이 시작된다. 이어서 1966년 6월 서베를린 자유 대학의 학생운동과 프랑스의 '68혁명'을 지나 1969년까지 영국, 독일, 이탈리아, 스페인 등 유럽 전역의 대학으로 시위가 번진다. 이들의 저항문화운동으로 인해서 서구사회에서 뿌리 깊었던 '인종차별'이 철폐되었고, '여권운동(Feminism)'이 시작되었으며 반전운동, 반핵운동, 환경운동 등 서구의 현대 NGO운동이 이어졌다.

기성세대의 가치관, 종교, 문화, 제도 등에 대해 반발한 젊은이들이었기에 이들을 뉴에이지(New Age)라고 불렀다. 과거의 '폭력적 좌파'와 성격을 달리 하는 '평화와 사랑의 좌파'였기에 이들을 뉴레프트(New Left)라고 부르기도 한다. 히피나 플라워 차일드(Flower

Child)는 이들에 대한 폄칭이다. 이들에게 신명을 불어 넣어 준 박수무당들이 바로 비틀즈였고 조안 바에즈, 밥 딜런 등은 저항문화운동에 앞장섰던 대표적인 팝 가수들이었다. 저항문화운동은 수많은 창의적인 인재를 배출하였다. 티벳밀교와 위빠싸나를 종합한 명상치료 프로그램인 MBSR의 창시자 '존 카밧 진'. 진(Zinn)은 '미국민중사'의 저자이면서 그의 장인인 '하워드 진'의 이름에서 따왔다고 한다. 저항문화운동의 주역이다. 마이클 조던 등 시카고 불스 농구팀의 선수들에게 참선을 가르쳐서 경기력을 향상시켰다는 필 잭슨 감독은 NBA출신의 최초의 히피였다고 한다. 자신의 창의력의 원천이 선(禪)불교에 있다고 토로한 스티브 잡스 역시 저항문화운동의 후예였다. 저명한 불교학자 '로버트 서먼'은 자신의 딸 이름을 '우마 카루나 서먼'이라고 지었다. '우마(Uma)'는 '중관(中觀)'을 의미하는 티벳어이고 카루나는 비심(悲心)을 의미하는 범어다. 우마 카루나 서먼은 허리우드의 대 스타가 되었다. 불교에 대한 이들의 애정과 존경과 열정이 현대 서구 불교의 원동력이 되었고, 스러지던 아시아의 불교 역시 이들의 활동에서 용기를 얻어 다시 세차게 타오르기 시작하여 오늘에 이른다. 1960년대 저항문화운동의 주역들. 우리가 보살피고 기려야 할 서구의 불교인들이다.

44. 국제NGO연합의 탄생을 꿈꾸며

상상을 해 본다. 꿈을 꾸어 본다. 국제연합(UN)과 쌍벽을 이루는 국제NGO연합의 탄생을 …. 국제연합이 세계 모든 나라들의 정치연합체라면, 국제NGO연합은 전 세계 시민운동의 힘이 모두 집결한 감시와 저항과 행동의 연합체다.

우리의 몸이 진화하듯이, 힘 역시 진화한다. 발톱과 이빨에서 칼과 창으로, 칼과 창에서 총과 대포로, 총과 대포에서 화폐와 자본으로 …. 폭력이 무력으로 진화했다가, 무력이 금력에게 자리를 내주었다. 이런 힘들의 공통점은 그 세기에 의해서 서열이 정해진다는 점이다. 힘의 세계에서는 약육강식과 적자생존의 법칙이 그대로 적용된다. 규범으로 통제를 하지 않거나 선을 그어서 영역을 나누지 않는 한, 최종 승자를 가릴 때까지 무한투쟁이 일어난다. 폭력도 그렇고 무력도 그렇고 금력도 그렇다.

제2차 세계대전은 전 지구적으로 일어난 무력투쟁의 정점이었다. 곧이어 한반도에서 이념의 전쟁이 일어났다. 6.25였다. 그 후 냉전이 시작되면서 근 40년 이상 동서 양 진영은 서로 견제하면서 경쟁하였다. 그리고 1989년 서독과 동독을 가르던 베를린 장벽의 붕괴를 시작으로 사회주의 진영이 도미노처럼 무너졌다. 자본주의 또는 자유민주주의가 세계를 평정하였다. 그러나 견제의 한 축을 잃어버린 자본주의는 서서히 '양의 탈'을 벗기 시작한다.

신자유주의(Neoliberalism). 동서간의 냉전이 서구 자본주의 진영의 승리로 끝나면서 초강국 미국에서 시작한 새로운 경제운용 방식이다. 시카고 대학의 경제학자들이 중심이 되어 고안하고 제안했지만 그 기원은 멀리 아담 스미스의 자유주의 경제이론에 있다. 국가 권력의 시장 개입을 최소화 한다. 1800년을 전후하여 자유방임적 경제운용이 보편화 되면서 한편에서는 산업이 융성했지만 그 그늘에서 살아가는 민초들의 삶은 더욱 비참해졌다. 저임금, 소아노동, 실업 …. 서구사회는 혼란의 도가니로 빠져들었다. 혁명과 공황과 전쟁이 되풀이 되었다. 자유방임적 경제운용방식이 망령처럼 살아나 활개를 치는 지금, 세계는 다시 1800년대로 회귀하는 듯하다. 달라진 것이 있다면 이익의 영역에서 '산업 이윤'에 비해 '금융 이자'의 비중이 폭증했다는 점이다. 금력이 무기로 사용되는 무한경쟁의 시대다. 약육강식, 적자생존의 법칙이 지배하는 경제적 밀림 속에서 세계의 민초들은 실업과 저임금으로 신음한다.

그러면 어떻게 할 것인가? 분명한 것은 이미 실험이 끝난 공산주의사회로 되돌아갈 수는 없다는 점이다. 우리사회의 '파이'의 크기를 키우는 것은 상업인과 금융인과 같은 경제인들의 역할이다. 그 파이의 분배를 결정하는 것은 정부의 과제다. 그리고 경제인들의 독주와 정부의 실정을 감시하고 그 잘못에 대해 비판하는 것은 바로 '천수천안(千手千眼) NGO'의 몫이다. NGO. 천 개의 눈으로 고통 받는 중생을 찾아내어 천 개의 손으로 그 고통을 보듬는 관세음보살이다. 인터넷과 소셜네트워크가 천 개의 눈을 대신하고, '따뜻한 봉사의 손길'과 '불의에 항거하면서 자판을 두드리고 허공을 찌르는 맨주먹'이 천 개의 손을 대신한다.

국제연합은 세계 정치, 경제의 중심지인 미국의 뉴욕에 위치하지만, 국제NGO연합은 가상의 공간, 웹 속에 집을 짓는다. 정보통신기기의 천안(千眼)으로 생명이 겪는 모든 고통을 찾아내고, 각국의 NGO에게 천수(千手)의 행동지침이 전달된다. 국제NGO연합의 탄생. 권력과 금력의 횡포를 견제하는 이 시대의 균형추다. 반(反)동물적 가르침을 담은 철저한 이념의 종교인 불교만이 그 일을 선도할 수 있다. 밀림 같은 이 시대에 희망의 꿈을 꾸어 본다.

45. 후건긍정의 오류와 위인전의 허구

논리학 이론 가운데 '후건(後件)긍정의 오류'라는 것이 있다. 가정문(假定文)은 "만일 …라면, ~다."라는 식으로 '조건을 제시하는 전건(前件)'과 '그 귀결이 실린 후건'으로 이루어져 있다. 예를 들어서 "만일 저 동물이 고래라면, 저 동물은 포유류다."라는 명제에서 "만일 저 동물이 고래라면"이라는 앞 문장은 전건이고, "저 동물은 포유류다."라는 뒤 문장은 후건이다. 이 명제에 근거하면 다음과 같이 '대전제, 소전제, 결론'으로 이루어진 삼단논법의 추론이 가능하다. "대전제: 만일 저 동물이 고래라면, 저 동물은 포유류다. 소전제: 저 동물은 고래다. 결론: 따라서 저 동물은 포유류다." 이 추론은 소전제에서 대전제의 전건을 긍정한 후, 그에 근거하여 대전제의 후건을 결론으로 도출한 것으로 논리적으로 타당하다.

　그러나 이와 반대로 추론의 소전제에서 대전제의 후건을 긍정한 후, 그에 근거하여 대전제의 전건을 결론으로 도출할 경우 잘못된 추론이 된다. 예를 들어 다음과 같은 추론이다. "대전제: 만일 저 동물이 고래라면, 저 동물은 포유류다. 소전제: 저 동물은 포유류다. (후건긍정) 결론: 따라서 저 동물은 고래다." 만일 이 추론이 옳다면 예를 들어 고양이도 고래가 되어야 하고, 캥거루도 고래가 되어야 한다. 이런 논리적 오류를 '후건긍정의 오류'라고 부른다.

　'후건긍정의 오류'라는 것이 참으로 단순한 논리적 오류지만, 우리는 일상생활 속에서 무심코 이를 범하는 경우가 많다. 예를 들어 위인전(偉人傳)을 읽고서 위인의 어린 시절, 젊은 시절을 따라하는 것 역시 그 가운데 하나다. 위인전을 읽은 어린 아이는 "위인에 속하는 사람이라면, 어릴 때 특이한 행동을 한다."는 생각을 하고서 그런 특이한 행동을 흉내 낼 수 있는데, 논리적으로 볼 때 이는 다음과 같이 풀이된다. "대전제: 만일 위인에 속하는 사람이라면, 어릴 때 특이한 행동을 한다. 소전제: (나는) 어릴 때 특이한 행동을 한다. (후건긍정) 결론: (나는) 위인에 속하는 사람이다." '후건긍정의 오류'에 빠진 추론이다.

　발명왕 에디슨이 어린 시절 달걀을 품고서 부화를 기다렸다는 이야기를 모르는 사람은 없을 것이다. 그런 에디슨의 일화를 읽은 어린아이는 자신에게 에디슨을 투사한 후 다음과 같은 추론을 할 수 있다. "대전제: 만일 에디슨이라면, 어릴 때 달걀을 품는 기행(奇行)을 해야 한다. 소전제: (나는) 어릴 때 달걀을 품는 기행을 한다(후건긍정). 결론: (나는) 에디슨이다." '후건긍정의 오류'를 범하는 생각이다. 비단 위인전만 그런 것이 아니라, 누구라고 하더라도 만년에 자신의 어린 시절이나 젊은 시절을 회고할 때 유별난 일들을 주로 떠올린다. 위인전의 경우, 어린 시절의 여러 일화 가운데, 얘기거리가 되는 특이하고 눈에 띄는 것들만이 주로 소개되어 있다. 에디슨뿐만 아니라, 다른 모든 위인들의 전기도 마찬가지다. 위인전 …. 재밋거리로 읽으면 몰라도, 어리아이들이나 젊은 세대에게 별로 권하고 싶지 않은 책들이다. 은연중에 후건긍정의 오류를 주입시키기 때문이다.

수처작주(隨處作主). 어디서든 주인공으로 살아가라는 뜻이다. 인생을 살아갈 때, 남을 흉내 내지 말라는 뜻이다. 그것이 위인이든 누구든 간에 …. 조고각하(照顧脚下). 자신의 발밑을 살피란 뜻이다. 인생의 행로에서 갖가지 결정을 할 때 가장 중요한 것은 '남의 삶', '남의 이야기'가 아니라, '나의 삶'이고 '내가 처한 상황'이다. 누구나 스스로 우주의 중심이 되어 깨어있는 마음으로 기민하게 살피면서 살아가는 것. 선(禪)의 정신이다.

46. 뇌과학에서 해석하는 종교체험

최근 뇌과학이 발달하면서 종교체험에 대해서도 과학의 메스가 가해지기 시작했다. 이웃종교인들 가운데 자신이 믿는 신의 모습을 본다든지 말소리를 듣는 체험을 하는 사람들이 있는데, 뇌과학자들은 이런 체험들이 '측두엽 간질병'의 증상일 뿐이라고 해석한다.

뇌의 구조는 의외로 단순하다. 뉴런(Neuron)이라는 신경세포에서 뻗은 신경섬유가 그물망처럼 얽혀 있다. 신경섬유는 단백질로 만들어진 '전기 줄'에 다름 아니다. 일반 전선(電線)과 다른 점은 "방향성이 있다."는 점과, "중간 중간이 끊어져 있다."는 점이다. 신경섬유에서 일정한 세기의 전류가 흐르다가 그 말단에 도달하면 '신경전달물질'이라는 화학물질을 분비하여 인접한 신경섬유로 전기 신호를 전달한다. 물론 이런 과정은 순식간에 일어난다.

뇌는 '껍질을 깐 호두'처럼 생겼다. 주름투성이에 좌우가 대칭이다. 뇌를 옆에서 보면 권투 글러브 모양인데 앞부분을 전두엽, 윗부분을 두정엽, 뒷부분을 후두엽이라고 부른다. 그리고 권투 글러브의 엄지손가락에 해당하는 옆 부분이 측두엽이다. 전두엽과 두정엽 사이에는 뇌를 앞뒤로 가르는 골이 패여 있는데 이것을 중심고랑(Central sulcus)이라고 부른다. 중심고랑 바로 앞쪽 부위의 뇌는 근육운동의 시발점이고, 바로 뒤쪽 부위는 신체감각의 종착점이다. 이마 바로 안쪽의 전두엽에서는 능동적 의지작용이 일어나고 뒤통수 내부의 후두엽에는 시각정보가 각인되며, 귀 위쪽의 측두엽에는 청각정보가 새겨진다. 눈과 귀는 그대로 있어도 후두엽이 손상되면 시각장애가 생기고, 측두엽을 다치면 청각장애가 발생한다.

우리가 무엇을 감각할 때나 손발을 움직일 때마다 뇌신경의 해당 부위에는 미세한 전류가 흐른다. 그런데 뇌신경의 특정부위에 이상이 있을 경우 강한 전류가 발생하여 간질 발작이 일어난다. 그 부위에서 발생한 전류가 뇌신경을 타고 급격히 퍼지는데 근육운동을 지배하는 부분까지 전류가 흘러들어가서 몸이 뒤틀리는 발작이 일어나는 것이다. 이를 '대발작 간질(Grand mal epilepsy)'이라고 부른다. 대발작이 일어날 경우, 갑자기 쓰러지면서 온 몸이 뒤틀리기에 외상을 입을 위험이 아주 크다. 지금은 좋은 약이 많이 개발되었지만, 과거에는 대발작 간질을 치료하기 위한 시술 중에 뇌량(腦梁)절단술이란 것이 있었다. 뇌량은 좌뇌와 우뇌를 연결시키는 신경다발인데 이것을 자르는 시술이다. 뇌의 한 쪽에서 발생한 이상전류가 반대쪽 뇌로 전달되는 것을 막음으로써 발작의 강도를 완화시키는 것이 목적이었다.

그런데 청각중추인 측두엽에서 경미한 발작이 일어날 경우는 대발작 간질 환자와 달리 겉모습이나 행동에는 아무 변화가 없기에 외견상 지극히 정상적인 상태인 것처럼 보이지만 당사자에게는 환청이 들린다. 또 시각중추인 후두엽까지 그 전류가 흘러 들어가면 헛것이 보이는 증상이 나타난다. 종교적 성향이 강한 사람에게는 자신이 믿는 신의 모습이 나타나기도 하고, 그 말소리가 들리기도 한다. 환자 자신에게는 진실한 체험이기에 확신에 차서 '계시'라는 이름으로 포장하여 그것을 주위에 알린다. 스스로 교주가 되어 신흥종교를 창시하기도 한다. 또는 기성종교 속에 자리를 틀고 교세를 급격히 확장한다. 지금도 그렇지만 과거에도 그런 '경미한 뇌 질환' 환자가 종교의 창시자가 되는 경우가 적지 않았을 것이다.

그러나 불교의 선(禪)수행은 물론이고 ≪능엄경≫에서는 이런 신비체험을 모두 마경(魔境)이라고 부르며 물리친다. 무언가 들리고, 보이는 것으로써 수행의 경지를 가늠해서는 안 된다고 가르치는 것이다. 뇌과학의 발달로 선과 ≪능엄경≫의 가르침이 새삼 빛난다.

47. 뇌과학으로 풀어보는 위빠싸나 수행

우리의 몸은 여러 가지 장기로 이루어져 있다. 몸을 지탱하는 뼈와 움직이는 근육, 보호하는 피부가 있다. 음식 또는 먹이를 입 구멍으로 넣으면 위, 창자, 간, 쓸개, 췌장 등의 작용으로 화학적으로 해체된 후 혈관으로 흡수되어 피와 섞여서 우리 몸 곳곳으로 분배된다. 공장의 컨베이어 벨트가 제품을 수송하듯이 혈관 속의 피가 영양분이나 노폐물을 품고서 부지런하게 온 몸을 돌게 만드는 것은 심장이다. 그리고 우리 몸과 바깥 세계가 교통하게 해 주는 것이 신경망이다.

신경은 일종의 전기 줄인데, 금속으로 만들어진 일반 전선(電線)과 달리 한 방향으로만 전류가 흐르게 되어 있다. 눈, 귀, 코, 혀나 몸에 자극이 생기면 그 자극은 전기신호로 바뀌어서 신경을 타고서 뇌로 들어간다. 얼굴에 몰린 눈, 귀, 코, 혀 등에서 발생한 신경전류는 대부분 직접 뇌로 들어가고 몸이나 장기에서 생긴 전류는 일단 척추로 갔다가 척수를 타고서 뇌로 올라간다. 이렇게 뇌로 들어가는 전류가 흐르는 신경을 '구심성(求心性) 신경(Afferent nerve)'이라고 부른다. 감각신경이다. 이와 달리 뇌에서 나오는 전류를 운반하는 신경이 있다. 대부분 그 말단에 근육이 있다. 우리 몸을 움직이게 만드는 신경으로 '원심성(遠心性) 신경(Efferent nerve)'이라고 부른다. 운동신경이다. 그리고 구심성 신경과 원심성 신경이 만나는 곳이 바로 우리의 뇌(腦)다. 감관에 들어온 자극을 해석하고 근육으로 전류를 보내어 운동이 일어나게 한다. 모든 감각의 종착점이며 모든 운동의 시발점이 바로 뇌다. 내가 체험하는 느낌과 생각과 의지 등은 모두 이런 신경계에서 이루어지는 일들이다.

그런데 모든 동물에게 뇌가 있는 것이 아니다. 진화의 과정에서 뇌는 한참 나중에 생긴다. 중생, 즉 인간을 포함한 모든 동물들이 꿈틀거리면서 살아가는 데 뇌가 필수적인 것은 아니다. 동물이 생존하고 번식하기 위해서 필수적인 것은 '먹이'와 '생식'뿐이다. 뇌는 없어도 먹고 생식만 하면서 살아가는 동물이 부지기수다. 예를 들어서 지렁이의 경우 입과 내장과 항문이 하나의 통로로 이어져 있는데, 입 주변의 신경이 두툼해져서 '근접 화학 탐지기'인 혀의 역할을 한다. 그것이 뇌일 수도 있지만 우리가 생각하는 뇌가 아니다.

따라서 생명체에게 있어서 뇌는 몸을 위한 보조기관일 뿐이다. 2차적인 장기다. 그런데 뇌가 고도로 발달한 인간의 경우 가끔 주객이 전도되는 일이 발생한다. 2차적인 보조기관에 불과한 뇌가 주인 행세를 한다. 몸이 가장 효율적으로 활동할 수 있도록 도와주는 것이 뇌의 본분인데, 주제를 모르고 몸과 무관하게 따로 놀기 시작하는 것이다. 불교적 용어로 표현하면 "온갖 망상분별이 일어난다." '신경증, 우울증, 정신분열증 …'과 같은 정신질환은 물론이고 '종교적 철학적 의문을 떠올리는 것' 모두 '주객이 전도된 뇌의 장난'이 아닐 수 없다.

위빠싸나 수행에서는 내가 현재 하고 있는 일에 마음을 집중하게 한다. 집중이랄 것도 없다. 숨을 쉬든, 걸음을 걷든, 밥을 먹든 그 때 그 때 일어나는 신체 감각에 나의 마음을 그냥 그대로 일치시키는 것이다. 다시 말해 뇌가 몸에 순종하게 만드는 것이다. 숨을 들이쉴 때는 콧구멍에서 시린 감각이 일어나는 것을 안다. 내쉴 때에는 더운 감각이 일어나는 것을 안다. 밥을 씹는다. 침이 고인다. 발걸음을 옮긴다. 발바닥이 닿는다. 모두 그냥 그대로 느낀다. … 위빠싸나란 뇌의 원래 기능을 회복하는 훈련이다. 온갖 번뇌 망상이 잦아든다. 궁극적으로는 '삶과 죽음에 대한 고민'이라는 망상조차 사라진다.

48. 불교 수행의 단계와 목표

설일체유부(說一切有部)의 교학에서는 깨달음에 이르는 수행과정을 '삼혜구족(三慧具足)→ 신기청정(身器淸淨)→ 오정심(五停心)→ 별상념주(別相念住)→ 총상념주(總相念住)→ 사선근(四善根)→ 견도(見道)→ 수도(修道)→ 무학도(無學道)'의 순서로 정리한다. 수행의 종점인 무학도의 성자가 아라한이다. 더 이상 배울 것이 없기에 무학도라고 부른다.

이런 수행의 길에 들어서기 위해서는 먼저 깨달음에 이르는 지도를 익혀야 한다. 부처님의 가르침을 배우는 것이다(삼혜구족). 그러고 나서 수행에 전념할 수 있는 환경을 만든 후(신기청정) 거친 번뇌를 완화시키는 수행을 한다. 예를 들어서 화를 잘 내는 사람은 자비관을 닦고 탐욕이 많은 사람은 부정관을 닦아서 거친 마음을 진정시킨다(오정심). 그 후 '몸(身), 느낌(受), 마음(心), 현상(法)'에 대해서 차례대로 '부정(不淨), 고(苦), 무상(無常), 무아(無我)'라고 통찰하는 사념처 수행에 들어간다(별상념주, 총상념주). 사성제 가운데 고성제에 대한 통찰이다. 이어서 사성제 전체에 대한 '개념적 이해'를 심화시키는데 '난(煖)→ 정(頂)→ 인(忍)→ 세제일법(世第一法)'의 순서로 이어지는 사선근(四善根)의 수행이다.

　사선근 가운데 첫 단계인 '난'은 '따뜻함'이란 뜻이다. 번뇌를 태우는 공성의 불길에 아직 닿진 않았어도 그 기운이 느껴지기 때문이다. 그 다음인 '정'의 단계를 지나서 계속 수행할 경우 '인'의 단계에 들어간다. 번뇌를 태우는 공성의 불기운이 뜨겁지만 이를 감내하기에 '인(忍)'이라고 부른다. '참음'이란 뜻이다. 인의 단계의 마지막 한 찰나가 '세제일법'이다. '세간적 수행에서 최고의 경지'란 뜻이다. 사선근만 체득해도 많은 이득이 있다고 한다. '난'의 경지에 오른 자는 설사 무간지옥의 죄를 지어서 삼악도에 떨어진다고 해도 언젠가는 반드시 열반에 오를 수 있다고 한다. '정'의 경지에 오를 경우는 간혹 물러서는 일이 있지만 선근을 끊지 않으며, '인'의 경지는 수행의 길에서 물러서지 않기에 무간지옥의 죄도 짓지 않고 결코 삼악도에 떨어지지 않는다고 한다. 세제일법을 체득할 경우 범부로 태어나도 반드시 견도에 올라서 윤회를 벗어난다고 한다.

　그리고 세제일법 직후의 15찰나를 걸쳐 이루어지는 사성제에 대한 마지막 통찰을 견도라고 부른다. 견도에서 드디어 공성의 불길을 만나서 '미리혹(迷理惑)'이라고 불리는 '지적(知的)인 번뇌'가 소진

된다. '예류향→ 예류과→ 일래향→ 일래과→ 불환향→ 불환과→ 아라한향→ 아라한과'로 향상하는 성자의 길에서 첫 단계인 '예류향'이다. 예류향의 견도를 지나면 사성제에 대한 통찰이 완성되어 마지막 1찰나에 '예류과'에 오른다. 예류과의 성자가 되면 불퇴전(不退轉)의 지위가 되어 깨달음의 길에서 결코 물러서지 않는다. '절대 꺼지지 않는 공성 불길'이 붙었기에 언젠가 모든 번뇌가 다 타서 없어진다. 탐욕, 분노, 교만, 무명 등 열 가지 근본번뇌 가운데 '유신견(有身見), 계금취견(戒禁取見), 의(疑)'의 셋을 제거한 성자가 수다원이다. 요컨대 공성을 체득하고 불교에 대한 확고한 믿음을 갖는 성자가 수다원이다. 선(禪)불교 전통에서 말하는 견성(見性)한 수행자다. 그리고 견도 이후 '예류과에서 아라한향까지'를 수도(修道)라고 부른다. 이 때 '미사혹(迷事惑)'이라고 불리는 '감성적 번뇌'를 하나하나 제거한 후 최고의 경지인 아라한과의 무학도에 이른다. 아라한만 불교수행의 목표인 것은 아니다. 사선근의 '난(煖)의 단계'에서 '아라한'에 이르기까지 모두 열반에 이르는 길이다. 현생에서 무엇을 목표로 삼을지 나의 그릇과 상황에 맞추어 내가 결정할 일이다.

Ⅱ
불교와 사회

1. 금강산 방문기 - 나일 수 있었던 너, 너일 수 있었던 나

지난 설 연휴에 금강산을 다녀왔다. 남쪽에서 타고 온 버스에 앉은 그대로 DMZ를 가로질렀다. 남북을 넘나드는 '특별버스'의 운전 기사 모두는 남도 아니고 북도 아닌 중국의 조선족 동포라고 했다. 적절한 역할이라고 생각되었다. 헐벗은 산야였지만 유독 소나무가 눈에 많이 띄었다. 추사(秋史)의 세한도(歲寒圖)에서 톡 튀어 나온 듯, 지그재그로 줄기를 올리면서 가로로 가지를 뻗은 우리 소나무들이었다. 붉은 별을 단 방한모의 인민군들을 보고서 월북을 실감하였다. 대개 체구가 작았다.

분계선을 넘고서 30분 남짓 지나 버스는 금강산 기슭의 온정리에 도착하였다. 독특한 서체의 간판들 말고는 남쪽의 여느 관광단지와 다를 게 없었다. 현대아산에서 조성한 단지라고 했다. 셔틀버스가 휴게소와 금강산 중턱을 오가며 관광객들을 실어 날랐다.

아이젠을 빌려 차고서 눈 덮인 금강산을 올랐다. 낙수로 바위에 골이 패이듯이 억조 성상 풍우가 빚어낸 한 덩어리의 거대한 돌조각이었다. 그런데 경관 좋은 곳마다 어김없이 바위 가득 붉은 글씨들이 나타났다. 북쪽 정치인들의 행적과 어록, 그리고 갖가지 표어들이었다.

요절한 비운(悲運)의 전위미술가 박이소의 작품 "우리는 행복해요."는 북쪽의 이런 '표어 문화'에서 착안한 것이라고 한다. 작가는 "우리는 행복해요."라는 글을 큼지막하게 써서 전시장에 걸어놓음으로써 자신의 처절한 고통을 표현하였다. 역설(Paradox)적 작품이었다. 금강산 등산로 굽이굽이 '단단한 바위'에 '깊이깊이' 새겨진 '붉은 글씨'들은, 미안하게도 그들의 의도와 달리 역설적 의미만을 뿜어내고 있었다.

등산로 곳곳에서 안내원으로, 판매원으로, 감독관으로 일하는 그들의 모습 하나하나가 진하게 눈에 들어왔다. 작은 체구에 기름기 없는 얼굴, 그을린 피부 등 이민족(異民族)의 외모를 하고 있었다. 수십 년 전까지 역사와 문화와 피를 공유했던 하나의 민족인데 너무나 달라져 있었다.

8.15해방이 외세에 의한 것이었기에 해방과 함께 이루어진 남북의 분단에 대해서도 우리는 속수무책이었다. 그리고 수십 년 동안

서로 으르렁대며 지내왔다.

전근대적인 형벌 가운데 사지를 찢는 극형이 있었다. 동양에서는 거열형(車裂刑), 서양에서는 'Pulled Apart'라고 불렀다. 두 팔과 양 다리 각각을 서로 다른 마차나 말에 묶은 후 달리게 한다. 상상하기조차 끔찍하다.

우리 한반도는, 중국, 러시아, 일본 그리고 미국이라는 소위 '4대 강국'에 둘러싸여 있다. 해방이 되자 북에서는 중국과 소련이 두 팔을 끌어당겼고, 남에서는 미국과 일본이 양 다리를 잡아당겼다. 허리가 찢어졌다. 거열형의 형국이다. 채찍 하나로 야수를 부리는 조련사와 같은 지혜를 갖추지 않는 한, 동강난 허리를 잇기가 쉽지 않을 것이라는 생각이 들었다.

남쪽으로 가는 버스에 오르며 마음이 무거웠다. 하늘도 흐려있었다. 빗방울 부딪히는 차창 밖으로 파리한 인민군의 모습이 보였다. 초소 앞에서 잠시 버스가 멈추었다. 비를 맞으며 서 있는 그 모습을 바라보았다. 창밖의 그의 눈동자 역시 나를 살피고 있었다. 강대국의 각축장이었던 이 비극의 땅에서 줄서기가 달라졌다면, 나는 네가 될 수 있었고, 너는 내가 될 수 있었을 것이다. 작고 깡마른 나의 혈육아!

(경주 동대신문 시론, 2007년 3월)

2. 세계역사의 흐름과 불교NGO

역사는 되풀이된다고 한다. 앞으로 전개될 미래 사회에서 불교인들이 어떤 역할을 해야 할 것인지 예측하고자 한다면, 지금까지 이어져 온 세계 역사의 흐름에 대해 불교적 관점에서 냉철하게 되짚어 볼 필요가 있다.

다소 과장이 담겨 있다고는 하지만, 마르코 폴로의 ≪동방견문록≫에 의하면 13세기 당시에 동양의 문명은 서양의 그것을 능가하였다. 또, 서구인들의 헤게모니 유지를 위한 전략적 저술인 ≪문명의 충돌≫의 저자 헌팅턴의 말을 빌더라도, 당, 송, 원나라에 이어 명나라 초기까지 동아시아는 유럽을 능가하는 세계 최고의 문명권이었다. 그러나 1492년 콜럼버스의 아메리카 대륙 발견 이후 동서 간

문명의 우열은 뒤바뀌고 만다.

콜럼버스 이후 남북 아메리카에서 벌어진 대규모 수탈을 통해 상상을 초월하는 재화가 유럽으로 유입된다. 그 결과 유럽의 '근대'가 시작되었다. 수탈한 재화가 밑거름이 되어 근대 이후 서구의 학문과 예술이 '눈부시게' 발달하였다. 서구인들이 이룩한 근대과학의 실질적 원동력은 신대륙 등의 식민지를 수탈하기 위한 도구인 무기와 운송수단을 개발하고자 하는 그들의 '탐욕'이었다. 또, 1789년에 일어난 프랑스대혁명의 발생 원인에 대해 학설이 구구하지만 그 졸가리만 보면, 식민지 수탈에 앞장섰던 '장사꾼'들의 무력과 경제력이 비대해짐으로써 왕과 귀족들의 구체제를 무너뜨린 것일 뿐이다. 나폴레옹법전에 명시된 주요 원칙 가운데 하나인 '소유권 절대주의'는 '장사꾼의 재산을 함부로 건드리지 말라'는 상인들의 속내를 명문화한 것이었다. 나폴레옹법전에 연원을 두는 현대 민법에서 규정하는 '인간'의 정체 역시 '탐욕의 주체로서의 개인'이며 이는 '장사꾼'에 대한 점잖은 표현에 다름 아니다.

이것이 소위 '근대화'의 진상이다. 그러나 서구인들에 의해 포장되고, 꾸며지고, 왜곡된 세계사를 수입하여 배울 수밖에 없었던 우리는, 그들의 '피로 물든 근대과학'과 '상업적 민주주의'를 맹목적으로 추종해 왔다. 그 결과 우리 대부분은 '정의'보다 '이익'을 더 중시하는 '영악한 인간'으로 길들여졌다.

19세기 중반 악성자본주의 시대를 살아가던 '투박한 현자(賢者)' 마르크스에 의해 창출된 사회주의 이념은, 결국 레닌(Lenin)이나 마오쩌둥(毛澤東) 같은 병법가(兵法家)들의 권력 탈취 수단으로 악용

되고 말았지만, 어쨌든 사회주의권의 대두와 함께 제국주의로 치달리던 약육강식의 시대는 막을 내렸고, '양의 탈을 쓴 자본주의'와 '위선적 사회주의'가 힘을 균점하는 냉전의 시대가 시작되었다. 그 후 양 진영은 자기 세력의 보전과 확충을 위해서 약소국과 후진국을 향해서 경쟁적으로 '착한 시늉'을 하면서 세계를 요리해 왔다. 냉전시대의 약소국들은 국가 간에도 원래 '정의'와 '신뢰'가 있는 것으로 착각하였다.

그러나 사회주의권이 붕괴되면서, 경제적으로는 신자유주의(新自由主義), 정치군사적으로는 패권주의의 시대가 시작되려 하고 있다. 세계는 약육강식의 법칙이 지배하던 제국주의 시대로 회귀하려 하는 것이다.

희망은 없는 것일까? 만일 우리가 자본이나 무력과 같은 아날로그적인 힘의 균점을 통한 평화와 평등의 세계를 기대한다면 당분간 희망이 없을 것이다. 그러나 국제질서의 흐름에서 과거에는 보지 못했던 새로운 조짐이 나타나기 시작한다.

미군이 이라크에 들어간 지 몇 년이 흘렀지만, 아직도 평정을 하지 못하고 있다. 이는 '정보통신문명'과 '대규모 NGO 운동' 때문이라고 생각된다. 여군 하나가 이라크군 포로를 벌거벗기고 사소한 장난을 친 사실이 알려지자 전 세계에서 비난의 여론이 들끓었다. 사람이 짐승과 차별되는 점은, 남이 보는 앞에서 명분 없이 함부로 타자(他者)를 해치지 못한다는 점이다. 수십 년 전 나치 독일의 히틀러는 수많은 집시들과 유태인을 학살했지만 그 사실이 은폐되어 있었기에 당시에 아무도 이를 비난하지 못했다. 그러나 이라크 포로

학대 사건이 정보통신기기를 통해 순식간에 전 세계에 알려졌고, 전 세계의 NGO단체들이 그 부당함을 비판하며 대규모 시위를 벌이자 궁지에 몰린 미국은 가해 여군을 법정에 앉히고 만다.

인터넷과 핸드폰으로 대표되는 정보통신문명의 대두는 제3의 물결이라고 불리듯이 인류 역사에서 획을 긋는 사건이다. 정보통신문명으로 인해 우리사회는 점점 투명해지고 있다. 그 어떤 곳에서 일어나는 불의와 폭력과 부당한 억압도 모두에게 노출된다. 우리가 사는 사회가 희망적인 것은 그런 불의와 폭력에 대해 목숨을 걸고 항거하는 사람들이 있다는 점이다. 동체대비의 보살도를 실현하는 NGO운동가들이다. 서구의 경우 동물보호운동, 환경운동, 반전운동 등 많은 NGO운동이 불교를 그 사상적 지주로 삼는다.

정보통신기기는 의미를 방출하는 기기이기에 정신문명의 기반이 된다. 무력과 재력이 지배하는 아날로그 세계에서는 크고 강한 것이 작고 약한 것을 제압하지만, 디지털적으로 이루어지는 정신세계의 궁극에서는 미세하고 선한 것이 거칠고 악한 것을 이긴다.

유불선 삼교에 능통하신 탄허스님(1913~1983)께서는, 원시시대 이후 지금까지 이어져 온 무기의 역사에 대해 오행(五行)의 상극(相克) 원리로 설명하신 적이 있다. 나무 몽둥이가 맨주먹을 이기고(木克土), 칼과 창이 나무 몽둥이를 이기며(金克木), 화약을 사용하는 총과 대포가 칼과 창을 이기며(火克金), 수소폭탄이 총과 칼을 이긴다(水克火)는 설명이었다. 그리고 끝으로 맨주먹이 수소폭탄을 이긴다(土克水)고 덧붙이셨다. 수소탄이나 원자탄이라고 하더라도 사람의 맨주먹을 이길 수 없다는 선의(善意) 가득한 풀이였다. 이런 풀이가 한갓 몽상이 아니라면, 그 맨주먹은 불의에 항거하며 시위하는 맨주먹일 수도 있고, 우리 주변의 어려운 구석을 보살피는 사회운동 가들의 맨주먹일 수도 있을 것이다.

온 세계의 후미진 구석을 모두 비추는 정보통신기기가 있고 약자의 아픈 상처를 자비의 손길로 보살피는 NGO가 있기에 미래는 희망적이다. 정보통신기기와 NGO의 결합은 관세음보살님의 대비행(大悲行)에 비견된다. 천 개의 눈으로 중생의 아픔을 관찰하시고, 천 개의 손으로 중생의 아픔을 보듬으시는 천수천안(千手千眼) 관세음보살.

(월간 불광, 2006년 11월호)

3. 단일민족의 신화와 민족주의

　과거의 역사는 미래를 위한 교훈이 된다고 한다. 그러나 왜곡된 역사를 학습할 경우 우리의 현실을 읽어내지도 못하고 미래를 예측할 수도 없다. 필자는 몇 년 전 부터 19세기 말 '코리아(Korea)'에 대해 서구인들이 기록한 원전자료들을 모으고 있다. 과거 일제는 '식민사관'으로 우리의 역사를 날조했는데, 혹시나 이에 대한 반발로 우리 스스로 '과도한 민족주의 역사관'을 키워온 것은 아닌지 직접 확인해보기 위해서였다.

　그런데 과거 서구인들의 목격담 가운데 의외의 내용이 한 가지 있었다. 그것은 19세기 말의 한반도가 다인종(多人種) 지역이었다는 기록들이다. 일본이나 중국을 가면 사람들의 얼굴이 모두 비슷하여 누가 누군지 구별하기가 쉽지 않은데, 한국인은 개개인의 모습이 너무 다르다는 것이었다. 대부분은 눈동자가 갈색이고 머리칼이 검지만, 한반도의 어느 지역을 가도 눈동자가 회색인 사람, 푸른색인 사람, 머리칼이 붉은 사람들이 함께 섞여 산다는 것이었다. 어릴 때부터 '배달의 자손', '한민족', '단일민족'이라는 말을 귀에 못이 박히게 들어온 터였기에 충격적인 내용이 아닐 수 없었다.

근대화 이후 국경선이 확고해지면서 북방으로부터의 이민족 유입이 줄어들었고, 붉은 머리칼이나 유색(有色)의 눈동자가 유전적으로 열성이어서, 혹은 머리염색약이 발달해서 그런지 몰라도 최근에는 우리 주변에서 눈동자와 머리색이 독특한 사람을 보기 힘들다. 그러나 어린 시절을 돌이켜 보면, 그 부모가 외국인이 아닌데도 머리칼이 붉거나 눈동자가 회색이었던 친구들 기억이 난다. 얼마 전 국내의 한 의학자에 의해서 한국인의 유전형질 분포가 조사되었는데, 70~80%가 북방계이고 20~30%가 남방계이며 코카서스 등 다른 인종도 일부 섞여있다는 것이었다. 남북한을 막론하고 우리처럼 '민족'을 강조해온 나라도 그리 흔치 않을 것이다. 그러나 유전형질 조사와 서구인들의 목격담에 근거한다면 우리가 생각하는 '민족'이 결코 '혈통'이나 '인종'을 의미할 수는 없을 것이다.

민족주의에는 두 가지가 있다고 한다. 약소국의 민족주의와 강대국의 민족주의가 그것이다. 일제강점기의 우리와 영국식민통치기의 인도인들의 민족주의는 전자에 해당하고 독일 나치정권의 국가사회주의와 일본 극우파의 민족주의는 후자에 해당한다. 전자는 '선'이고 후자는 '악'이다. 혹자는 지금과 같은 시대에 민족주의는 한 물 간

사조라고 비판한다. '세계화'의 기치를 걸고 모처에 '영어마을'이 생기고, '이중국적'을 합법화하자는 외침까지 들린다. 그러나 민족주의를 비판하면서 어느 한 강대국에 동화하여 기생하려는 심리는 과거 일제강점기의 '친일파'의 그것과 별반 다르지 않다. '미, 일, 중, 노'라는 4대강국의 틈에 끼어 있는 한반도이기에 '약소국으로서의 저항적 민족주의'는 여전히 유효하다.

그러나 우리는 우리의 민족주의가 혹 엇나가고 있지나 않은지 항상 경계해야 한다. 우리의 민족주의를 '혈통주의'로 착각하여, 최근 우리나라에 유입된 다른 '민족'이나 '인종'들을 멸시하지는 않는지? 혹 그들의 '혼혈자손'들을 차별하지는 않는지? 혹 우리의 사회제도가 그들의 '국적취득'을 어렵게 만들고 있지는 않는지? 강대국의 간계(奸計)와 압제에 저항하는 민족주의는 '선'이다. 그러나 약소국을 무시하고 괴롭히는 민족주의는 '악'이다. 부처님께서는 인종과 계급은 물론이고, 모든 생명체가 평등하다고 가르치시지 않았던가?

(불교신문 수미산정 칼럼, 2006년 9월6일)

4. 희고 고운 손을 부끄러워하자

지금은 우리가 지구상에서 가장 부지런한 민족이라고 자부하지만, 19세기말 한반도를 방문했던 서구인들의 눈에 비친 조선인들의 단점 가운데 하나는 '게으르다'는 것이었다. 이는 꼭두새벽부터 육체노동에 시달려야 하는 여자나 노비, 소작인과 같은 당시의 '아랫것'들을 보고서 하는 말이 아니라 남자들, 그 중에서도 소위 '윗분'들이 '노동하지 않음'을 미덕으로 삼았다는 의미일 것이다. 사지가 멀쩡하고 총명한 장정들이 과거시험의 '로또'에 당첨되기 위해 골방에 틀어박혀 사서삼경을 암기하였다. '입술노동'만으로도 의식주를 해결할 수 있는 '윗분'이 되기 위한 것이었다. 그러나 '육체노동에 대한 경시'는 가난으로 귀결될 뿐이었다.

조선시대 말기에 '노동하지 않음'과 '노동함'은 위와 아래를 구분하는 징표였다. '아랫것'들이 노동하지 않고 한가하게 지내는 것을 유교적 위계질서에 대한 위협으로 생각해서 그랬는지 몰라도, 윗분들은 기기묘묘한 의례와 규칙을 고안하여 아랫것들의 손발이 한시도 쉴 수 없게 만들었다. 기본적인 의식주는 간단한 노동만으로도 마련할 수 있었을 텐데, 윗분들은 먹을거리와 입을 거리를 위해 투입되는 노동의 양을 끔찍할 정도로 늘여놓았다, 쉽게 더러워지는 하얀 무명옷을 상용한다. 풀을 먹인다. 다듬이질을 한다. 빨래를 위해 동정을 뜯었다가 다시 꿰맨다. 인두질과 다리미질 …. 숨돌릴만하면 찾아오는 차례와 제사. 쉽게 녹스는 유기를 굳이 제기로 사용하여 그 광택을 보고 '정성스러움'을 측정한다. 눈에 보이지 않는 조상신께서 한목에 드실 요모조모의 음식을 마련하기 위해서 '아랫것'들만의 어마어마한 노동이 투입되었다.

일제강점기에 피지배민족으로서 쓰라림을 겪고 해방을 맞아 근대적 법령체계가 정비됨으로써 신분의 차별이 없어진 이후, 가난에서 벗어나기 위해 위아래 할 것 없이 개미같이 일을 하여 먹고 살만하게 된 지금이지만 육체노동을 천시하던 잘못된 가치관의 망령이 아직도 우리사회를 떠돌고 있다. 건설현장에서는 구슬땀을 흘리는 '신세대'들은 찾아보기 힘들고 피땀 흘리는 '쉰 세대'들만 눈에 띈다. "내 자식에게만은 육체노동을 시키지 않겠다."는 '쉰 세대' 어버이들에 대한 '효심' 때문인지, Dirty, Difficult, Danger하다는 3D 업종에서 우리 젊은이들의 모습은 거의 보이지 않는다.

몸놀림이 적고 그 속도가 느릴수록 윗분으로 대접받는 조선시대였지만, 불교집안에서만은 노동을 소중하게 생각해왔다. 이름 없는 스님들의 노동을 통해 사찰 주변의 경작지가 계속 넓어졌다. 미투리나 종이와 같은 공산품 생산의 중심지가 사찰이었다. 불교수행에는 두 가지 길이 있다. 복덕의 길과 지혜의 길이다. 지혜만 닦으면 아라한이 되고, 복덕만 닦으면 전륜성왕이 되며, 복덕과 지혜를 모두 갖추어야 부처가 된다고 한다. ≪대지도론≫의 가르침이다. 그런데 성불을 위한 복덕의 자량을 쌓을 수 있는 가장 손쉬운 방법이 바로 육체노동이다. 육체노동을 통해 남에게 이로움을 줌으로써 내 마음밭에 복덕이 쌓이게 되고 육체노동의 노고로 인해 과거나 전생의 업장이 씻어진다. 실명한 아나율 존자의 바느질을 도우시며 보시 공덕의 중요성을 말씀하신 부처님의 가르침, "하루라도 일을 하지 않으면 밥을 먹지 않겠다."고 하시던 백장선사의 가르침 모두 '육체노동의 공덕'에 대한 대승적 조망을 담고 있다. 육체노동의 보시행은 남에게도 기쁨을 주지만, 나에게도 이익을 주는 길이다. 놀고 있는 희고 고운 손은 부끄러운 손이다.

(불교신문 수미산정 칼럼, 2006년 7월19일)

5. 교육이 멀어져 가네

　왕따. 학교 폭력. 자살 …. 참으로 끔찍한 단어들인데 요즘에는 신문만 들면 보이고 TV만 켜면 들린다. 흔히 '암'이라고 불리는 악성 종양은 막바지가 되어야 그 증상이 눈에 보인다고 한다. 객혈을 하든지, 황달이 오든지, 혈변을 봐서 병원을 찾으면 이미 암 병소가 무르익을 대로 무르익은 다음이다. 바다 위에서 삐죽하게 솟아 떠도는 한 조각 얼음인 줄 알았는데, 그 밑을 보니까 산처럼 거대한 얼음 덩어리가 받치고 있다. 빙산이었다. 왕따, 학교폭력, 공부스트레스에 시달리다가 한 두 명의 아이가 스스로 목숨을 끊는다고 하지만 이는 빙산의 일각(一角)일 뿐이다. 아직은 살아서 학교를 다니는 수많은 아이들이 그 아이가 겪었던 고통 속에서 신음하면서 삶과 죽음의 경계선을 위태롭게 걷고 있다. 더 깊이 통찰하면 이는 아이들만의 문제가 아니다. 온 나라, 온 국민의 문제다.

OECD에 속한 나라 가운데 몇 년째 꾸준히 자살률에서 1, 2위를 다투는 나라가 있다. 바로 이 나라 '대~한민국'이다. 어떻게 해서든 살아보려고 해도 도저히 살 수가 없다. 연속극을 보거나, 뉴스를 듣거나, 신문기사를 보면 모두 나보다 잘 난 사람들뿐이다. 친척이 친척이 아니고, 동료가 동료가 아니다. 입만 열면 잘나고 못난 것, 비싼 것과 싼 것, 명품과 브랜드 얘기뿐이다. 모두가 서로에게 불행감을 심어주는 원수가 되어가고 있다. 정신적 '폭력'이다. 이 세상에서 내가 제일 못났다. 이 사회의 '주류(主流)'들은 힘없는 많은 사람들을 '왕따'시킨다. 이렇게 사느니 차라리 죽는 게 낫다고 생각하게 만든다. 자살이다. 젊은이든 노인이든 심지어 갓 피어난 중학생 어린 아이들까지도 ….

전 국민을 줄 세우는 나라. 어떤 분야든 순서를 매기는 나라. 초등학교의 일제고사. 경찰의 실적평가. 대학에 순위 매기기. 과외광풍, 수능과외, 대학입시 …. 토플시험을 본다. 스펙을 쌓는다. 취직을 한다. '경영이 합리화된 회사'에서 숨 쉴 틈 없이 '월급 값'을 해야 한다. 귀가하면 녹초가 된다. "가정은 없다." 1인당 국민소득이 2만 달러를 넘어섰고, '절대빈곤'에서 벗어난 지 오래되었다고 하지만, 민초들의 행복한 모습이 꼴사나웠는지 정치인이든, 행정 관료든, 언론에서든 우리사회의 리더들은 전 국민을 들볶으면서 '상대적 빈곤감'을 심어주려고 애를 쓴다. 모든 것을 비교하게 만든다. 온 국민이 불행감을 느낄 수 있도록 제도를 개혁한다. 많은 사람들이 자신을 낙오자라고 착각할 때까지 …. 힘없는 사람이 자포자기할 때까지 …. 대한민국이 '자살 강국'인 이유가 이에 있다.

출산율에서 몇 년째 계속 바닥을 치는 나라가 있다. 이 역시 이나라 '대~한민국'이다. 결혼 후 아이를 낳으려고 하니 덜컥 겁이 난다. "누가 키워야 하지? 뭘 먹이고 뭘 입혀야 하지? 무슨 학원, 학교에 보내야 하지? 어디서 무엇을 가르쳐야 하지?" 도저히 남들처럼 키울 자신이 없다. 출산을 미룬다. 혹 아이를 낳아도 하나만 낳는다. 그 하나도 제대로 키우자니 벅차다. '매스컴에서 보고 들은 수준'으로 키우기에 나는 너무 무능하다. 이 사회에서 이 나라에서 아이를 낳아서 기르는 것 …. 생각만 해도 두렵다. 출산율이 바닥인 까닭이다.

더 이상 살 수 없기에 자살하는 사람이 세계에서 가장 많은 나라. 아이를 살아가게 하고 싶지 않은 나라. 사람이 살 수 없고 아이를 키우고 싶지 않은 나라. 전 세계에서 가장 불행한 나라. 바로 지금의 이 나라, '대~한민국'이 그렇다는 말이다. 어쩌다 이렇게까지 되었을까? 어쩌다 이 지경까지 왔을까? 금수강산에 동방예의지국이었다는데 ….

사람이 짐승과 다른 점은 교육에 있다. 교육에 의해서 문명이 전수되고 규범을 익힌다. 짐승의 사회는 힘에 의해서 서열이 정해지고 질서가 유지되는 약육강식의 세계다. 약자는 항상 강자의 눈치를 보며 산다. 그야말로 '밀림'이다. 그러나 인간 사회의 경우 지위가 높든 낮든, 힘이 세든 약하든, 돈이 많든 적든 모든 구성원은 평등하며 규범에 의해서 질서가 유지된다. 예의범절과 윤리와 도덕 …. 짐승에게는 없는 덕목들이다. 인간사회가 약육강식의 밀림을 벗어난 이유는 교육을 통해 윤리와 도덕을 세대에서 세대로 전수하였기 때문이었다. 동서와 고금을 막론하고 인류의 역사에서 교육의 본질은 윤리와 도덕, 종교와 철학에 있었다. 서양이든 동양이든 교육기관은 종교와 철학과 도덕을 가르치는 곳이었다. 서양의 대학은 그리스의 아카데미나 기독교의 신학교에 기원을 둔다. 우리나라의 경우도 전통적인 교육기관인 서당이나 향교에서 유교 경전을 가르쳤다. 또 인도에서도 교육기관에서 베다와 우빠니샤드와 같은 종교성전을 가르쳤다. 티벳 역시 마찬가지다. 전 국민의 교육을 사찰에서 담당하였다. 교육의 본질은 종교에 있다. 인생과 세계에 대해 통찰하고, 삶과 죽음을 직시할 수 있으며, 윤리적이고 도덕적인 인격을 갖추도록 가르치는 것이 교육의 원래 기능이었다.

그런데 이 나라 '대~한민국'에서는 교육기관이 그 원래의 역할에서 벗어난 지 너무나 오래 되었다. 학교 교육에서 아이들의 마음을 삶의 본질, 세상의 본질, 인간의 본질로 깊이 침잠하도록 도와주는 것이 아니라, 남보다 잘 되기 위한, 남을 이기기 위한 기술만 가르친다. 이기적이고 위선적인 아이들만 양산하고 있다. 공부만 잘하면 된다. 성적만 좋으면 된다. 남만 이기면 된다. 부모들 역시 이를 부추긴다. 겉모습은 사람이지만 그 마음은 축생과 같이 변한다. 어린 아이들의 자살. 성적 문란. 집단 따돌림. 예전에는 듣도 보도 못했던 일들이 하루가 멀다 하고 매스컴을 장식하는 이유는 황폐화된 교육에 있다.

교육이 멀어져 간다. 원래의 역할에서 멀어도 한참 멀리 나와 있다. 오직 불교의 전통강원, 승가대학만이 교육의 본질을 오롯이 지키고 있을 뿐이다. 마치 진흙 속의 연꽃과 같이 …. 우리 사회의 리더들이 '배고픈 소크라테스'를 비웃고 '배부른 돼지'를 꿈꾸게 세뇌하는 이 시대, 겉모습만 인간일 뿐 문명화된 야수들이 들끓는 가혹한 이 시대에, 이곳을 '사람이 살만한 곳'으로 바꾸기 위해서 우리 불교인들의 사명이 참으로 막중하다. 삶과 죽음, 생명과 세계에 대해서 진솔한 의문을 떠올리고 그것을 풀며 살아가는 유일한 사람들이기 때문이다.

(계간 동학, 2012년 봄호)

178

6. 문수스님의 질타와 불교인의 과제

한 스님이 몸을 불살랐다. 남 보란 듯한 시위가 아니었다. 재가 될 때까지 홀로 계셨다. 혼자 앉아 성도하신 부처님처럼, 자문자답(自問自答)의 시현이었다. 뭇 생명들의 삶터가 무너지고 있는 낙동강. 그 지류인 위천의 둑방 위였다. 반듯하게 접어놓은 승복과 주머니 속 수첩에 유언이 적혀있었다. "4대강 사업을 즉각 중지, 폐기하라. 부정부패를 척결하라. 재벌과 부자가 아닌 서민과 가난하고 소외된 사람을 위해 최선을 다하라." 우리사회의 최고통치권자를 향해 외친 객혈 묻은 질타였다. "원범, 각운 스님 죄송합니다. 후일을 기약합시다." 구도의 길에서 '전부'라는 도반 스님의 저미듯 아픈 가슴을 보듬는 일 역시 잊지 않았다. 유서 아래 이름을 남겼다. '문수(文

殊)'라는 법명 옆에 '윤 국 환'이라는 속명 석자를 함께 써넣었다. 속(俗)의 굴레를 벗고 승(僧)이 되었지만, 뭇 생명의 고통을 보다 못한 스님은 구도의 길조차 다음 생으로 미루셨다. 보살도에서 지향하는 '나의 고통을 감수하며 남의 행복을 염원하는 분'이었다. 스님은 대학시절에는 학생회장 소임을 맡아서 도반스님들을 뒷바라지하였고, 졸업 후에는 선방(禪房)을 순회하면서 오로지 수행에 전념하셨다. 소신(燒身) 전까지는 무문관에서 견성(見性)을 지향하면서 수행하던 수좌였다. 견성을 ….

견성. 견불성(見佛性)의 준말이다. 문자 그대로 "불성을 본다."는 뜻이다. 불성은 '불이중도(不二中道)'라고 풀이된다. '이분법에서 벗어난 중도'를 의미한다. 요새말로 표현하여 '탈이분법(脫二分法)'에 다름 아니다. ≪열반경≫에서 "모든 중생에게 불성이 있다[一切衆生悉有佛性]"고 하듯이 '모든 생명의 본질'이다. 간화선에서 구자무불성(狗子無佛性)의 화두를 들 때, '없다'는 의미의 무(無)라고 생각해도 안 되고, '있다'는 의미의 유(有)라고 생각해도 안 되고, 유무(有無)라고 생각해도 안 되고, 비유비무(非有非無)라고 생각해도 안 된다. 간화선 수행자는 이러한 사구(四句) 또는 흑백논리의 이변(二邊)에서 벗어나서 자신의 생각을 중도로 몰고 간다. 중도의 궁지에서 생각이 터지고 감성이 터지면서 불성을 자각한다. 생각과 감성에서 이분법의 사슬이 끊어진다. "삶과 죽음이 다르다."는 분별에서 벗어났기에 죽음의 공포가 사라지고, "나와 네가 다르다."는 감성의 벽이 무너졌기에 다른 생명체의 고통을 수수방관하지 않는다. 동체대비의 마음이다. 약자에 대한 강자의 횡포가 극심해질 때, 사회적

이분법을 타파하는 일에 앞장선다. 불이중도의 정의감이다. 중도불성을 철견(徹見)한 자는 자신의 죽음을 두려워하지 않고, 다른 생명의 고통에 무심하지 않으며, 사회적 차별을 방관하지 않는다. 문수 스님이었다.

경북 군위의 지보사(持寶寺)에 무문관을 차리고 3년간 일종식(一種食)을 지키면서 견성 수행을 하던 수좌, 문수(文殊)는 우리사회가 생명의 본질에서 너무나 멀리 벗어나 있음을 보았다. 육척단신의 몸뚱이를 움직여서 이를 회복하기에는 현실이 너무나 급박했다. 인간의 탐욕으로 신음하는 생명들은 타자가 아니라 미래의 우리 모습이었다. 인공구조물로 황폐화될 현장으로 달려갔다. 장삼과 수첩에 이 시대, 이 사회를 향한 준엄한 질책을 적었다. "4대강 사업을 즉각 중지, 폐기하라. 부정부패를 척결하라. 재벌과 부자가 아닌 서민과 가난하고 소외된 사람을 위해 최선을 다하라." 그리곤 방광(放光)삼매에 들었다.

부처님 당시에 승단은 사회참여에 소극적이었다. 승단은 사회와 분리되어 운영되었고 승단의 규범인 율(律: Vinaya)은 사회법과 달랐다. 앙굴리말라와 같은 범죄자라고 하더라도 승가의 일원이 되면 처벌하지 않았다. 반면에, 비유리왕이 석가족을 말살한 예에서 보듯이 사회에서 참혹한 일이 일어나도 이에 대해 승단은 적극적으로 관여하지 않았다. 승가가 사회현실에 적극 참여하여 정치권력과 반목할 경우, 말살될 수 있기 때문이었다. 승가를 사회와 완전히 분리시킨 것은, 동물적 인치(人治)의 시대에, 잔혹한 정치권력에서 승가를 보호하고 보전하기 위한 부처님의 묘안이었다. 서구의 경우도 종교조직은 일반사회와 분리되어 있었다. 그 기원과 취지는 불교와 달랐지만 기독교의 성당이나 교회 역시 성역(Sanctuary)이라는 이름의 치외법권(治外法權) 지역이었다. 그러나 근대적 의미의 법치(法治)가 시작되면서 종교에 대한 정치권력의 횡포가 잦아들었다. 성역은 폐기하였지만, 특정 종교를 말살할 수도 없었다. 근대화가 곧 서구화를 의미했던 우리나라였기에 이러한 종교중립적인 법치를 그대로 수용하였다. 부처님 당시와 달리, 승가 역시 사회법의 제약 아래 있다. 승가가 우리사회의 문제에 적극 관여하지 않을 수 없는 이유다.

유교에서는 인간의 심성을 인의예지(仁義禮智)의 사단(四端)과 희노애락애오욕(喜怒哀樂愛惡欲)의 칠정(七情)으로 구분하는데, 사단은 탈이분법의 마음으로 중도불성에 다름 아니다. 맹자는 인(仁)을 측은지심(惻隱之心)이라고 풀이하였는데, 이는 자타불이(自他不二)의 자비심에 다름 아니다. 또 수오지심(羞惡之心)이라고 풀이한 의(義)는 사회적 차별을 타파하는 정의감과 악을 멀리하는 지계(持戒)의 마음이다. 겸양지심(謙讓之心)인 예(禮)는 남을 배려하는 하심(下心)이며, 시비지심(是非之心)인 지(智)는 불이중도(不二中道)의 반야지혜(般若智慧)에 비견된다. 모두 탈이분법의 발현이다. 현실정치에 적극 관여했던 맹자의 가르침 가운데 우리 불교인에게 교훈이 되는 내용은 수오지심과 시비지심이다. 개인윤리와 사회윤리를 구분할 때, 과거 불교의 승단은 개인윤리인 지계의 수오지심에는 철저했지만, 사회윤리인 정의의 수오지심에는 소극적이었다. 그러나 승가 역시 사회법의 제약을 받는 현대사회이기에, '탈이분법의 불성'을 추구하는 불교인이라면 사회적 차별을 타파하여 정의를 구현하는 일

182

에 앞장서야 한다. 또 맹자가 지(智)의 발현을 '옳고 그른 것을 가리는 마음[시비지심]'이라고 했듯이, 불이중도의 반야지혜를 체득한 수행자는 '분별없이 살아가는 것'이 아니라 매 순간 상황에 맞는 '절묘한 분별'을 내면서 살아간다. 유식학에서 말하는 묘관찰지(妙觀察智)의 분별이다.

우리 사회의 현안으로 다시 돌아가자. 현 정권 출범 이후 북한에 대한 압박이 계속되었다. 남북 간의 교류 대부분이 끊어졌다. 금강산 관광 역시 중단되었다. 개성공단의 앞날 역시 순탄하지 않을 것 같다. "쥐도 궁하면 고양이를 문다(窮鼠齧猫)."고 했던가? 일이 벌어지고 말았다. 천안함 침몰이었다. 지난 7월말 동해상에서는 '불굴의 의지'라는 이름으로 한미연합훈련이 진행되었다. 미국 항공모함 조지 워싱턴호에서는 일본 자위대 장교들이 참관하고 있었다. 북한에 대해 한미군사동맹의 결연한 의지를 보여주기 위한 것이라고 하였다. 이를 자신들에 대한 무력시위로 착각한 중국이 발끈하였다. 우리의 의사와 무관하게 4대강국의 이해타산에 맞추어서 한반도의 운명이 요리되었던 과거의 비극이 다시 되풀이되어서는 안 될 것이다.

제2차 세계대전이 끝나고 냉전이 시작되면서 미국과 소련은 동아시아에서 힘의 완충지대로 한반도를 선택하였다. 그리곤 북에서는 소련과 중국이 양팔을 잡아끌었고, 남에서는 미국과 일본이 양 다리를 잡아당겼다. 네 대의 마차에 사지를 묶어 달리게 하는 거열형(車裂刑)과 같았다. 허리가 끊어졌다. 분단이었다. 해방과 함께 느닷없이 우리민족에게 가해진 이분법의 형벌이었다. 남과 북은 서로 총을

겨누면서 4대강국에게서 부여받은 완충자의 역할을 충실히 이행해 왔다. 동서냉전이 끝나고 20여 년이 지난 지금인데도, 이곳 한반도에는 이데올로기의 관성이 여전히 남아있다. 그러나 분명한 것은 수천 년간 언어와 피를 공유해온 북쪽의 혈육들을 우리의 적으로 삼아서는 안 된다는 점이다. 민족의 정언명령이다.

일제강점기에서 벗어난 후 65년이 지났다. 기나긴 분단의 세월이었다. 남과 북을 구분하지 않고 모두 부둥켜안고 해방의 기쁨을 환호했던 그날을 기억하는 세대가 하나둘 세상을 뜨고 있다. 그 이유야 어찌 되었든 한반도의 한쪽에서는 너무 많이 먹어서 병이 드는데, 다른 쪽에서는 너무 못 먹어서 죽어가고 있다. 그들의 굶주림을 내 혈육의 고통으로 느낄 수 있는 세대가 점차 사라지고 있다. 이제 우리의 눈높이를 한 단계 올릴 시기가 되었다. 거시적 조망 하에 우리민족과 한반도의 미래를 우리 스스로 개척해야 하고 그렇게 할 수 있는 때가 되었다. '분단의 이분법'을 타파하는 일. 불이중도(不二中道)의 민족적 실천이다. 묘관찰의 분별지를 가진 불교인들이 앞장서야 할 또 하나의 과제다.

(계간 불교평론 권두언 '불이중도 실천의 과제', 2010년 가을호)

7. 자살은 늘어나고, 출산은 줄어드는데

...

수 년 전부터 우리나라의 1인당 국민소득은 2만 달러 수준에서 자맥질한다. 1960년과 비교할 때 무려 20배로 늘어났다고 한다. 국민총소득 역시 세계 10위권 진입을 앞두고 있다. 그 원동력이 무엇이었는지에 대해서는 궤변과 이설이 분분하지만 어쨌든 참으로 놀라운 발전이다. 그런데 더욱 괄목할 통계 수치가 두 가지 더 있다. OECD 국가 가운데 우리나라의 자살률이 정상을 달리고 출산율은 밑바닥을 기고 있다. 노골적으로 풀이하면 많은 사람들이 지금의 우리 사회에서 더 이상 살고 싶지 않고, 자식을 낳아 살아가게 하려

하지 않는다는 것이다. '남들만큼' 살아가기가 너무나 힘겹기에 스스로 목숨을 끊고, '남들처럼' 2세를 키울 자신이 없어 아이를 가질 엄두가 나지 않는다. 한 국가의 인구수가 국력 평가의 중요한 요소이기 때문인지 몰라도, 정부는 '타국의 추종을 불허하는' 이런 두 가지 통계 수치에 '깊은 우려'를 표하며 자살 예방교육을 권장하고 각종 출산장려책을 내놓는다. 그러나 우리 사회를 운영하는 지금의 행정과 교육 시스템 저변에 깔린 이데올로기가 그 방향을 선회하지 않는 한, 더 근본적으로는 우리사회 구성원들의 가치관에 일대 전환이 일어나지 않는 한 그 모두 '언 발에 오줌 누기'와 같은 미봉책이 될 뿐이다. 국가의 부는 늘어나는데, 살기는 더욱 고달파진다.

　지금의 우리 사회에서 살아가기가 힘든 이유는 과거와 같은 보릿고개의 가난 때문도 아니고, 무기 소지가 자유로운 다른 어느 나라와 같이 폭력이 난무하기 때문도 아니다. 단적으로 말하면 '줄 세우기, 무한경쟁, 적자생존, 우승열패'라는 밀림의 법칙이 '신자유주의(Neoliberalism)'라는 이념의 탈을 쓰고 이 사회 전반에 무차별하게 파급되고 있기 때문이다. 공산권 붕괴 이후 국제적 금융질서를 서구 중심으로 재편하기 위해 우리에게 강요된 신자유주의적인 경제운용 방식을, 우리 사회의 리더(Leader)들은 '만사형통의 여의주'로 착각하였는지, 교육과 행정 등 경제 외적인 분야까지 파급시키고 있다. 일제고사의 부활, 대학의 강의 평가, 학교별 수능 성적의 공개, 경찰수사의 성과주의 …. 하루 종일 긴장 속에서 '자신의 껍데기'를 '남들의 껍데기'와 비교하며 살아야 한다. 우리 사회에서 '쉴 곳'이 점점 줄어들고 있다. '쉴 곳'이 없는 곳은 '살만한 곳'일 수 없다. 목숨을 끊는 이가 늘어나고 아이를 낳으려고 하지 않는다. '남처럼 살자신'이 없기에 결혼 연령이 늦어진다. 동료와 이웃과 친구조차 '이겨야 할 적'으로 변해간다.

　우리나라와 일본, 그리고 과거 서독의 공통점은 거대한 군사력을 주둔시킨 미국의 절대적 보호 아래 급속한 경제성장을 이룰 수 있었다는 점이다. 그러나 다른 두 나라와 달리 이념의 대립으로 동족상잔의 비극을 겪은 우리나라 사람들이 입은 독특한 피해는 '적색공포증에 걸린 제도권 교육'으로 인해 사회과학적 통찰력을 키울 수 없었다는 점이다. 각 분야의 리더들은 '사회과학적 정신박약'으로 인해, '우리가 사는 바로 이곳의 문제'를 직시할 능력이 없고, 분석해봐도 자신감이 없다. 거금을 들여 소위 '외국의 석학'들을 초청하여, '자기들이 사는 곳'에 대한 '이방인(異邦人)들의 통찰'을 경청한다. 우리 아이들을 우리 대학에서 선발하는데 외국에서 모셔온 '입시사정관'에게 그 모두를 일임한다. '수입한 지식'에 의해 온 나라가 운영된다. 결국은, 독학을 통해 현실분석능력을 터득한 야인(野人) '미네르바'가 경제 예언자로 등극하자 이를 구속하는 3류 코미디가 벌어진다. 2008년 말의 금융대란 이후 현재 서구에서는 존폐의 기로에 있는 '신자유주의 이데올로기'가 이곳에서는 아직도 기승을 부리며 우리를 지치게 만드는 이유는. '수입한 지식'을 나라 운영의 지침으로 삼는 우리 사회 리더들의 '지식의 항구(港口)'에 '서구의 배[船]'가 아직 도착하지 않았기 때문일 것이다.

　서구에서도 양심적인 지식인들에 의해, '서구 금융계의 이해관계와 이데올로기가 반영된 경제정책'(Joseph Stiglitz) 또는 '국제적 자본주의의 재조직화를 위한 이론적 설계를 실현시키려는 유토피아적 프로젝트, 또는 자본축적의 조건들을 재건하고, 경제엘리트의 권력을 회복하기 위한 정치적 프로젝트'(David Harvey)라고 혹독한 비판을 받고 있는 '신자유주의 이데올로기'가 그 고유영역을 넘어 '명가의 보검'인 양 우리 사회의 온갖 분야에서 칼춤을 추고 있다.

레세페르(Laissez-faire). 자유방임주의를 의미하는 프랑스말로 '그냥 하게 해(Let do)' 또는 '그냥 놔 둬(let alone, let pass)!'라는 뜻이다. 과거의 역사를 돌이키면서 그 의미를 다시 새기면 "산업혁명과 함께 부상한 상업인의 경제활동에 정치권력이 간섭하지 말라"는 뜻이다. 아담스미스가 ≪국부론≫(1776년)을 통해 자유방임적 경제운용의 우월성을 주장한 이후 유럽의 제 국가들은 일종의 보호무역 정책인 중상주의(Mercantilism)를 버리고 자유방임적 경제운용에 들어간다. 상업 활동의 자유를 최대한 보장하고, 국가의 간섭을 최소로 하는 야경국가의 역할을 자임했던 것이다. 아담스미스에 의하면, 국부를 늘이는 원동력은, '수요와 공급의 법칙'이라는 '보이지 않는 손(Invisible hand)'에 의해 운영되는 '자유시장의 요구'와 그런 요구에 부응하려는 인간의 '이기심과 탐욕(selfishness and greed)'이며, 이로 인해 상품의 가격이 낮아지고 물품의 종류가 다양해짐으로써 궁극적으로 사회 전체에 이득을 가져온다는 것이다. 지금 우리 사회 각 분야에서 획일적으로 적용되고 있는 신자유주의 이데올로기는 미국의 시카고학파 경제학자들이 창안한 것이었지만, 그 기원은 이러한 아담스미스의 자유방임주의적 경제이론에 있다. 그런데 아담스미스가 상(商)행위의 원동력이라고 간파했던 '이기심과 탐욕'은 인간의 동물적 속성일 뿐이다. 인간은 '이타심과 초탈(超脫)'이라는 종교적 심성 역시 갖는다. 상업정신과는 상반된 심성이다. ≪맹자≫ 서두의 다음과 같은 일화에 비추어 보면 지금의 우리 사회가 인간의 본성에서 얼마나 멀리 벗어나 있는지 확인할 수 있다.

> 양혜왕이 맹자에게 말했다. "어르신께서 천리 길을 마다않고 오셨으니, 장차 우리나라를 이(利)롭게 하실 방도가 있으시겠지요?"
> 그러자, 맹자가 대답했다. "왕께서는 하필이면 이롭게 한다는 말씀을 하십니까? 오직 어짊[仁]과 의로움[義]이 있을 뿐입니다. 왕께서 어떻게 하면 내 나라를 이롭게 할까를 말씀하시면, 이 사회의 리더[大夫]들은 어떻게 하면 내 집을 이롭게 할까 말하며, 일반백성[士庶]들은 어떻게 하면 내 몸을 이롭게 할까 말할 것이니 위와 아래가 서로 이익을 취하려고 하면 나라는 위태로워질 것입니다. 만승(萬乘)의 나라에서 그 임금을 죽이는 자는 반드시 천승의 가문이요, 천승의 나라에서 그 임금을 죽이는 자는 반드시 백승의 가문입니다. 만승에서 천승을 취하고, 천승에서 백승을 취한 것이 많지 않은 것이 아니건만, 만약 의로움을 뒤로 하고 이익을 앞세우면 모두 빼앗지 않고는 만족하지 못합니다."(맹자, 양혜왕편)

한 사회의 구성원들이 어짊[仁]이나 의로움[義]이 아니라 이익[利]만을 중시할 경우 결국 그 사회는 혼란에 빠지고 만다는, 이천 삼백 년 전 맹자의 경고였다. 그러나 이익을 위한 무한 경쟁 체제로 교육과 행정의 모든 시스템을 개량(?)하고자 하는 우리 사회의 리더들에게는 이런 경고가 생뚱맞게 들릴 지도 모른다. '국가 이익의 길'을 논한 아담스미스의 ≪국부론≫ 출간 이후 제국주의시대를 거쳐 제2차 세계대전이 끝날 때까지 근 170년 간, 맹자가 경고했던 그대로 서구사회는 '이익을 위한 무한투쟁'의 격랑에 빠지면서 그 구성원들을 고통 속에 몰아넣었다. 세계대전이 끝난 후 냉전이 시작되자 '자유방임적 자본주의'는, '사회주의권'을 의식하여 '자유민주주의'라는 이름을 내걸고 잠시나마 비교적 선량한 행보를 보이게 된다. 그러나 1989년 베를린 장벽의 붕괴 이후 사회주의권이 몰락하면서 이념적 경쟁자가 사라지자 '상업지상주의적 이데올로기'가 다시 고개를 내밀기 시작하였다. 현대판 레제페르인 신자유주의의 등장이다. 이기심과 탐욕, 그리고 이를 충족하기 위한 경쟁과, 그 결과로써 매겨지는 서열 …. '힘이 곧 진리'인 짐승의 사회가 운영되는 방식과 다르지 않다. 신자유주의 이데올로기의 종착지는 약육강식, 적자생존의 법칙이 지배하는 사회적 밀림이다.

불가에서 세상을 통찰하는 방식 가운데 하나로 연기법(緣起法)이란 것이 있다. 부처님 가르침의 핵심이다. 요새말로 '의존성'이라고 풀이된다. 우리가 체험하는 세상만사는 원래 그러한 것이 아니라 다른 것에 의존하여[緣] 발생한[起] 것들이라는 가르침이다. 정서의 경우도 이는 마찬가지다. 절대빈곤의 상태나 극심한 질병을 앓는 경우가 아니라면, 우리가 느끼는 행복감과 불행감은 대부분 남과의 비교를 통해 발생한다. 연기(緣起)하는 것이다. "사촌이 땅을 사면 배가 아프다."는 속담에서 보듯이 '잘난 남'과 비교할 때 나의 불행감은 더욱 커진다. 절대빈곤에서 벗어난 지 오래인 우리사회인데도 많은 사람들이 이곳에서 살기 힘겨워하는 이유는 자신의 내면이 아니라 껍데기를 남들의 그것과 비교하면서 경쟁하는 방식이 삶의 모든 영역을 오염시키고 있기 때문일 것이다. 그렇지 않아도 남과 비교한 후 질투하는 것이 인간의 '못된 동물적 속성'인데, 지금 우리사회의 리더들은 전혀 그럴 필요가 없고, 그래서도 안 되는 교육과 행정의 전 영역에까지, '신자유주의' 방식을 획일적으로 도입하여 모든 국민을 지치게 만들고 있다. 서열을 만들 만한 것이라면 그를 모두 노출시켜 경쟁을 부추긴다. 인간이 살아가는 곳을 약육강식, 우승열패, 적자생존의 법칙이 지배하는 밀림과 같이 만들고 있는 것이다.

우리 사회가 살만한 곳이 되기 위해서는, 맹자가 권했듯이 물질적 '이익[利]'이 아니라 '어짊[仁]'과 '의로움[義]'과 같은 정신적 가치를 중하게 여기도록 제도와 가치관에 일대 전환이 일어나야 한다. 권력과 금력의 대소에 의해 서열이 매겨지는 사회는, 힘에 의해 서열이 매겨지는 짐승의 사회와 다를 게 없다. 최정상의 하나 이외에는 모두들 자신보다 상위에 있는 존재의 위세에 눌려 살아가야 한다. 그러나 '어짊'과 '의로움'과 같은 반(反)동물적 가치에 의해 서열이 매겨지는 사회에서는 그 구성원 모두가 행복해질 수 있다. 그리고 우리 사회에 바로 그런 곳이 있다. 승가사회다. 승가에서는 '가장 자비롭고, 가장 선량하며, 가장 지혜로운 수행자'를 최정상에 모신다. 승가의 일원이 되면 '탐욕과 분노와 간교함'과 같은 세속적인 마음을 씻기 위해서 계(戒), 정(定), 혜(慧) 삼학(三學)의 수행을 한다. 인간의 동물적인 속성을 정화하는 수행이다. 이러한 승가의 가치체계에서는 나보다 상위에 있는 분이 나보다 선량하고, 나보다 자비롭고, 나보다 슬기롭기에 그 구성원 모두가 행복할 수 있다.

사농공상(士農工商)이라는 전통적 신분질서가 상공농사로 뒤바뀐 지 이미 오래 되었고, '신자유주의 이데올로기의 남용'으로 우리 사회 곳곳이 밀림과 같이 변모하고 있는 지금, 경쟁과 비교의 채찍질에 지치고 힘겨워 스스로 목숨을 끊는 이가 늘어만 가는 지금, 이런 고달픈 사회 속에 아이를 낳아 기르고자 하는 이가 점점 줄어들고 있는 지금의 이 시대, 이 나라에서 우리 불교가 해야 할 일은 너무도 분명하다. 지친 사람들을 보듬는 일, 그리고 전도된 가치관을 바로 세우는 일이다.

(계간 불교평론 권두언, 2010년 봄호)

8. 비정한 시대, 종교의 역할

일제고사를 거부한 젊은 교사 일곱 명이 전격 파면되었다. 요즘 세상에 흔치 않은 '지사(志士)의 기개'를 갖춘 교사들이, 느닷없이 치러지는 일제고사에서 '비교육적 저의'를 간파한 후 교육자로서의 소신을 갖고 항의하다가, 시험 당일 '현장학습'이라는 행동으로 의사표시를 한 것일 뿐인데 설득, 징계, 감봉과 같은 중간 과정을 일거에 뛰어넘어 '파면'이라는 극형이 언도된 것이다. 누가 봐도 도를 넘는 가혹한 처벌이었다.

청년실업이라는 말이 사람들의 입에 오르내린지 오래인 이 시대에 그것이 교사직이든, 사무직이든 어렵게 구한 정규직에서 쫓겨난다는 것은 생업전선에서 사형선고를 받는 것과 다를 게 없다. 부패

한 공무원이나 마약사범을 전격적으로 사형에 처하는 '어떤 나라'를 보고서 '개명한 지금 이 시대'에 아직도 '저런 나라'가 있는가? 라며 의아해한 적이 있었는데, '저런 나라'가 바로 이곳이었다.

그런데 문제는 앞으로 당분간은 그런 권력의 횡포를 견제할 방법이 없다는 점이다. 혹독한 실업의 시대에 '일벌백계(一罰百戒)'를 위한 희생양이 된 일곱 명의 교사들은 피켓을 들고서 자신이 근무하던 학교의 교문 밖을 서성이고 있다. 이들뿐만이 아니다. 촛불시위 주도자, 불매운동을 벌였던 네티즌, 시위진압을 거부했던 전경… 이들 지사들의 공통점은 '개인적 이익'이 아니라, '정의와 공익'을 위해 자신의 안락을 내던진 사람들이라는 점이다. 그들이 체포되었을 때 인터넷 게시판에 댓글을 통한 비판은 많았으나, 실질적으로 그들을 도울 힘을 가진 단체도 방법도 없었다. 이제는 우리 국민들이, 그런 지사(志士)들이 있었다는 사실조차 기억하지 못하는 것 같다.

과거 군사독재시절과 같이 대학의 시위문화가 살아있다면, 보수언론이라고 하더라도 '겁 없는 대학생의 시위'에 겁을 먹어 '정의로움'의 흉내라도 냈을 것이다. 그러나 이제 '거세된 대학생'은 물론이고 온 나라가 쥐 죽은 듯 조용하다. "배고픈 소크라테스보다, 배부른 돼지가 낫다."는 전도된 격언이 국민 대부분의 신념이 되었기 때문일 것이다. 안심한 보수언론은 노골적으로 금력과 권력에 야합하며 '생명의 목소리'를 걷어찬다.

무한경쟁을 모토로 삼는 신자유주의의 그늘에서 '생명의 목소리'를 외치던 지사들이 하나 둘 제거되고 있는 지금 누가 이들을 도울 수 있을까? 야당 정치인들이기를 바라지만, 여든 야든 우리국민들은 이제 더 이상 정치인들의 목소리를 귀담아 듣지 않는다. 그들이 국민의 이익이 아니라 당파적 이익을 더 중히 여긴다는 점을, 우리 국민들이 간파한 지 이미 오래 되었기 때문이다.

그러면 권력자들로 하여금 이들 지사들의 목소리를 경청하고 이들에 대해 배려하도록 권유할 수 있는 자는 누구일까? 누가 작금의 무소불위의 정치권력을 실질적으로 견제할 수 있을까? 바로 종교단체다. 선거 때만 되면 그것이 정신적 가치에 대한 진심 어린 존경에서인지 아니면 표를 의식한 얄팍한 행동인지 몰라도 후보자들은 각 종교단체의 수장들을 알현하기 위해 줄을 선다. 사회가 혼란해지면 그것이 진정으로 조언을 구하기 위해서인지 아니면 정치적 제스처인지 몰라도 집권자는 각 종교단체의 수장들을 방문하여 한 말씀을 청한다.

일제강점기와 자유당독재, 그리고 군사정권의 혹한기를 모두 이겨내며 면면히 이어져 온 지사(志士)의 정신은 우리 사회를 건전하게 존속시키기 위해 반드시 지키고 보호해야 할 '종자벼'와 같다. 거대 여당을 거느린 정치권력의 전횡을 억제할 수 있는 실질적 세력이 전무한 '향후 몇 년 동안', 무참히 짓밟히며 제거되는 지사들을 옹호하고 대변하는 일을 할 수 있는 유일한 기관은 종교단체뿐이다. 그리고 개신교도 대통령이 집권하고 김수환 추기경이 일선에서 물러난 지금, 가톨릭도 아니고 개신교도 아닌 오직 조계종단만이 그 일을 할 수 있다. 조계종단이 지금의 정치권력에 대해 의연한 견제자와 조언자의 역할을 다할 때 이제 막 피어나기 시작한 현 정권 또한 계속 온전할 수 있을 것이다. 화무십일홍(花無十日紅)하고 권력무상이기 때문이다.

(법보신문 시론, 2008년 12월29일)

9. 신자유주의 시대에 불교가 흥하려면

참으로 안타깝고 슬픈 소식이었다. 한 탤런트가 자살을 하였다. 연예인의 세계는 마치 정글과 같다고 한다. 동료들과의 경쟁 속에서 일류로 등극하는 것도 힘들지만, 그 지위를 계속 지키는 것이 더 힘들다고 한다. 융(Jung)이 말했던가? 사람의 외면과 내면은 정반대라고 …. '화려함 이면의 외롭고 괴로움'이라는 그들의 애절한 삶을 더더욱 실감케 하는 사건이었다.

최진실의 충격을 수습하기도 전에 우리 사회에서 다시 지진과 같은 일이 일어났다. 주식시장의 붕괴와 환율 폭등 …. '투자'라는 미사여구에 현혹되어 평생 흘린 피와 땀의 결실을 주식과 펀드로 쏟아 부었는데, 주가와 환율이 엮어내는 산술놀음의 요지경 속에서 많은 사람들의 재산이 증발하고 있다. 10년 전, 경제위기 때 IMF 집행부는 구제금융의 조건으로 우리에게 신자유주의(Neoliberalism)적 경제 운용을 강요했다. 그 후 '국제적 금융 꾼'들의 투기성 단기 자금이 쏟아져 들어와 우리 주식시장을 타작질 하다가 이제는 자기 발등의 불을 끄기 위해 썰물처럼 빠져나간다. 주가는 폭락하는데, 환율은 급등하는 기괴한 일이 벌어진다. 신자유주의적 경제 운용의 폐해를 우리 국민들이 비로소 자각하기 시작한다.

시장개방, 민영화, 무한경쟁, 적자생존 등이 신자유주의적 경제정책의 요점인데, 심각한 것은 이러한 경제이데올로기가 그 본분을 잊고 우리 사회의 다른 영역까지 잠식하기 시작한다는 점이다. 국제중학교를 만들겠다고 한다. 영재교육의 시기를 앞당기겠다는 것이다. 그러나 어떤 사회에서든 창의적 인재가 제도권 교육에서 배출되었다는 얘기는 들어 본 적이 없다. 하버드 대학을 중퇴한 빌 게이츠? 초등학교만 졸업한 정주영? 아인슈타인? 에디슨? 노무현? 스티브 잡스? … 전통적 가치관이 무너진 지 오래인 이 시대에 초등학교 때부터 아이들에게 '이기적 경쟁심'을 훈련시킬 경우 우리 사회의 미래는 암담할 뿐이다.

아담스미스의 자유방임주의에 기원을 두는 신자유주의는 시카고학파의 손을 거쳐 고상한 경제이론으로 포장되었지만, 그 정체를 파헤치면 경제 질서를 약육강식의 법칙에 내맡기는 밀림의 이데올로기일 뿐이다. 신자유주의적 방식이 행정과 교육 등 경제 외적인 분야까지 침투하면서 우리 사회의 전 영역이 정글과 같이 변하고 있으며 끝 모를 무한 경쟁 속에서 모두들 지쳐간다.

가장 행복할 것 같았던 사람이 자살을 하고, '부~자 되세요!'라는 덕담에 흐뭇해하던 사람들이 참담한 지경에 빠지는 지금 이 시대에 불교는 무엇을 어떻게 해야 할까? 과거의 역사에서 우리는 그 해답을 찾을 수 있다. 인류의 역사에서 종교인은 정치적, 경제적 힘의 횡포에 대한 의연한 견제자의 역할을 했고, 종교는 세속의 서열화된 삶에 지친 이들을 위한 안식처의 역할을 해 왔다. 쉼터로서의 본분에 충실했을 때 종교는 흥했고, 그 본분에서 벗어나 세속화 되고 권력화 되었을 때 종교는 망했다. 종교개혁 전야의 가톨릭은 세속화된 종교권력의 대표적인 예이고, 부처님 당시의 승단은 삶에 지친 이들을 위한 안식과 위안의 쉼터였다.

세속의 사회에서는 권력과 금력의 우열에 따라 사람의 서열을 매기지만 승가사회에서는 세속과 상반된 가치체계로 그 구성원의 서열이 정해진다. 가장 선량하고, 검소하고, 자비롭고, 청정하고, 지혜로운 수행자를 최정상에 모신다. "정승집 말이 죽으면 문상을 가도, 정승이 죽으면 문상을 안 간다."는 속담에서 보듯이, 세속의 권력과 금력에 대한 복종은 겉모습뿐이다. 그러나 지계청정한 스님에 대한 우리의 공경심은 속이든 겉이든, 오늘이든 내일이든 한결같다. 그런 삶을 사시는 모습만 보고도 세파에 지친 이들은 너무나 큰 위안을 받기 때문이다. 각박한 신자유주의의 가치관에 대해서 불교는 해독제의 역할을 해야 한다. 중화제의 역할을 해야 한다. 시대의 흐름을 거스르는 것이 불교의 본분이다. 부처님 당시에 그랬듯이, 승가가 세속과 상반된 삶의 모습을 시현할 때 불교는 가장 흥한다.

(법보신문 시론, 2008년 11월3일)

10. 이명박 정권이 순항하기를 바라며

새 정권이 들어섰다. 그 색깔과 노선에 대한 호불호(好不好)를 떠나, 앞으로 나라살림을 책임져야 할 정권이기에 임기 동안 순항(順航)하기를 바라는 마음에서 불전의 가르침에 의거하여 바람직한 국가운영방안에 대해 조언해 본다.

불전에는 '칠불쇠법(七不衰法)'이란 가르침이 있다. '나라가 쇠망하지 않게 하기 위한 일곱 가지 국가운영방안'이라고 풀이된다. 석가모니 부처님 당시 군주국인 마가다국(Magadha國)의 아자따사뚜(Ajatasattu) 왕이 공화국인 왓지연합국(Vajji聯合國)을 침공하려 할 때, 왓지국의 장로들이 나라를 보전하는 방안에 대해 여쭙자 부처님께서는 다음과 같은 일곱 가지 묘책을 제시하셨다.

① 정기적으로 모여서 나라의 안녕에 대해 함께 논의한다.

② 나라에 일이 있을 때 즉시 모여서 각자 자신에게 주어진 의무를 행한다.

③ 전승되는 규범을 어기지 않는다.

④ 노인들을 공경하며 그들의 말에 귀를 기울인다.

⑤ 마을에 사는 여인들을 보호하며, 억지로 끌어다 살게 하는 일이 없다.

⑥ 그들의 나라 안이나 밖에 있는 탑과 묘를 잘 모시며 시주한다.

⑦ 성자와 아라한들을 잘 봉양한다.

한역 경전에서는 이런 칠불쇠법이 왓지국 장로들의 요청으로 베푼 가르침이라고 기술하고 있지만, 빠알리 경전에는 왓지국을 침공하려 하는 아자따사뚜 왕을 저지하기 위한 가르침으로 기술되어 있으며, 그 내용 역시 판본에 따라 약간의 차이를 보인다. 어쨌든 위에 열거한 일곱 가지 기준이 한 나라의 흥망 여부를 판가름 하는 시금석이 된다는 것이다. 전통적 주석들을 참조하면서 칠불쇠법을 이 시대의 언어로 풀면 그 요점은 다음과 같이 정리된다.

(1) 중지(衆智)를 모아 정책을 결정하며 화합하여 실행한다.

(2) 전승되는 규범을 철저히 지키며 사회적 약자를 보호한다.

(3) 연장자와 조상을 공경하고 전통적 종교의례를 존중한다.

(4) 도덕성을 갖춘 고결한 수행자를 봉양하고 존경한다.

짐승의 경우 언어가 없기 때문에 중지를 모을 수가 없다. 기러기 떼가 날아갈 때 그냥 선두만 따라갈 뿐이다. 사슴의 무리나 원숭이의 무리는 힘이 가장 강한 수컷의 지시만 그저 따를 뿐이다. 그야말로 소위 '영도자'나 '선각자'의 명령을 추종함으로써 운영되는 것이 동물의 사회이다. 불과 몇 십 년 전만 해도 우리나라 정치인들의 통치방식 역시 동물의 그것과 크게 다르지 않았다. 언어(言語)는 있었지만 언로(言路)가 막혔기에 국가 정책과 관련한 자유로운 토론과 논쟁은 금지되었다. 소위 '영도자'의 한 말씀 한 말씀이 그대로 법이 되어 실행되었다. '근대적 법치(法治)'가 아니라 '전(前)근대적 인치(人治)'의 시대였다.

과거 인류역사의 재앙이었던 제국주의 시대에 영국이 힘의 정상에 설 수 있었던 이유 가운데 하나는 아이러니컬하게도 그들 내부에서 이루어지는 의사결정 방식이 민주적이었기 때문이었다. 칠불쇠법에서 가르치듯이 중지(衆智)를 모아 정책을 결정하며 화합하여 실행하였기 때문이었다. 언제 어떤 상황 속에서도 토론과 논쟁을 통해 중지를 모을 수 있었기에 제국주의적 목적을 실현하기 위해 '최선의 정책', '최강의 정책'을 고안해 내면서 세계 도처의 '피식민지'를 잠식하여 결국 '해가 지지 않는 나라'의 신화를 만들어내었던 것이다. '민주적 의사결정 방식'이란, 찰스 다윈이 발견했던 '적자생존(適者生存)의 원리'가 사회과학적으로 구현된 것에 다름 아니다.

지금 새 정권의 출범을 맞아 우리 사회 구성원들의 중지를 모아 다시 검토해 보아야 할 정책 가운데 가장 중요한 것이 바로 '한반도

대운하 사업'일 것이다. FTA와 같은 '조약'의 경우에는 앞으로 언젠가 우리에게 해가 된다고 판단될 때 그것을 파기하면 원래대로 돌아갈 수 있다. 그러나 좁디좁은 금수강산에 대운하의 '상처'가 패일 경우 다시는 돌이킬 수 없다. 한반도 남동부와 중서부를 연결하는 운하사업은 공사기간 동안 '소득 분배를 위한 취로사업' 정도의 효과는 볼지 몰라도, 그로 인해 초래될 재앙은 상상하기조차 두렵다. 태평양과 대서양을 연결하는 파나마 운하나 지중해와 홍해를 연결하는 수에즈 운하의 건설 목적이었던 '항해시간단축'을 기대하는 것이라면 차라리 속초와 한강을 잇는 운하를 파서 동해를 떠난 배가 서해로 직항하게 하는 편이 나을 것이다. 무엇이 진정으로 나라를 위한 길인지 중지를 모아야 한다. 한 번 뽑은 칼이라고 해도 그것이 해가 된다고 판단되면 다시 칼집으로 거두어들일 수 있어야 진정으로 나라와 국민을 위하는 어질고 현명한 지도자일 것이다.

서구 계몽기에 나타난 '사회계약이론'에서 알 수 있듯이 국가사회든, 정치집단이든, 학교사회든, 종교집단이든 하나의 사회나 집단이 성립하고 존속하려면 그 사회나 집단에서 제정한 약속, 즉 규범이 잘 지켜져야 한다. 한 사회나 집단에서 제정한 규범은 콩가루 같은 개개인을 묶어주는 끈과 같은 역할을 한다. 흔히 얘기하듯이 '법치(法治)'가 제대로 이루어져야 하나의 국가가 성립하고 존속할 수 있다는 말이다. 법을 위반할 경우 준엄한 처벌이 뒤따르고 법질서를 잘 지킬 경우 그를 보상하는 이득이 있어야 하며, 준법과 위법을 가르는 법의 잣대는 공명정대해야 한다. 특히 검찰의 자존심과 양심이 살아 있어야 하고 모든 재판이 신중하고 공평하게 진행되어야 할 것이다. 그렇지 못할 경우 '거대한 계약사회'인 국가는 와해되고 만다. 칠불쇠법에서 '전승되는 규범을 철저히 지킬 것'을 권하는 깊은 이유가 이에 있다.

지위고하, 남녀노소를 막론하고 과거 몇 년 전까지 우리사회 구성원들의 준법의식을 회고해 보면, 우리나라가 이렇게 '하나의 국가사회'로서 존속하고 있는 것이 신기할 뿐이다. 뇌물과 청탁이 만연한 공무원 사회, 수치심을 잊은 지 오래인 학교에서의 촌지 수수, '유전무죄 무전유죄'라는 법치에 대한 냉소, '전임자 예우'라는 천인공노할 법 관행, 기업인과 정치권력의 음흉한 결탁 …. 우리의 현대사에서 나라 전체가 내란에 들어갈 위험이 적어도 두 번 있었다. 1961년에 발생했던 5.16쿠데타와 1979년의 12.12사태가 바로 그것이었다. 두 경우 모두 군부 내의 반대파와의 교전으로 인해 끔찍한 내란으로 번질 수 있는 상황이었다. 부끄러운 얘기지만 이를 저지한 것은 한반도에 진주한 '미군의 군사력'이었다. '법질서를 와해한 정의롭지 못한 세력'의 손을 미국에서 재빠르게 들어주면서 그 반대세력의 준동을 억제했기 때문이었다.

힘의 우열에 따라 서열이 매겨지는 짐승의 사회에서는 최정상의 '하나' 이외에는 모든 구성원이 공포 속에서 살아간다. 또 설혹 정상을 차지한다고 해도 얼마 후 새로운 최강자에게 자리를 내주어야 한다. 법리와 규범이 무시되고, 금력이나 권력의 서열이 정의(正義)를 대신하는 사회는 약육강식의 법칙이 지배하는 동물의 사회와 다를 게 없다. 언젠가 누구나 약자가 될 수 있기 때문에 결국 그 구성원 모두가 불행하다. 그러나 칠불쇠법에서 가르치듯이 '규범이 철저히 준수되고 사회적 약자를 보호하는 사회'에서는 누구나 안심하고 살아갈 수 있다. 내가 권력과 금력의 서열에서 하위로 내려가더라도, 내가 노쇠하여 기력이 떨어지더라도 어느 누구도 나를 함부로 유린하지 못하기 때문이다.

'조상'과 '전통종교'가 존중되는 사회는, 그 구성원들 사이에서 가치관과 인생관이 충돌하는 일이 적기에 모두가 화합할 수 있는 평화로운 사회이다. '재력이나 권력과 같은 동물적 힘을 가진 사람'이 선망의 대상이 되는 사회가 아니라, '도덕성을 갖춘 고결한 수행자'가 존중되는 사회에서는 나보다 상위에 있는 사람이 언제나 나보다 선량하고, 지혜롭고, 자비롭기에 결국은 그 구성원 모두가 편안하게 살아갈 수 있다.

불전의 모든 가르침이 그렇겠지만, 칠불쇠법의 취지를 한 마디로 말하면 '동물적 속성'에서 벗어나는 것이다. 그러나 지금의 우리 사회는 '칠불쇠법의 가르침'에서 너무나 멀리 벗어나 있다. 칠불쇠법은 인간사회를 인간사회답게 만든다. 새로운 정권의 담당자들이 우리 사회의 존속과 구성원 모두의 행복을 진정으로 바란다면 반드시 마음깊이 새기고 구현해야 할 가르침이다.

(계간 불교평론 권두언, 2008년 봄호)

11. 허명(虛名)

    아직도 매스컴을 오르내리는 코미디 같은 구호가 있다. '노벨상에 도전한다.' 삶에 대한 통찰력이 모자란 누군가가 실수로 한두 번 외치다 만 구호라면 웃고 넘길 수도 있겠지만, 시도 때도 없이 고개를 내미는 그 어리석음이 이제는 한심하다 못해 서글프기까지 하다. 아인슈타인이 노벨상을 받기 위해 물리학이론을 연구했을 리 없고, 테레사 수녀가 노벨상을 받기 위해 인도에서 봉사의 일생을 살았을 리 없으며, 알베르 까뮈가 노벨상을 받기 위해 ≪이방인≫이나 ≪페스트≫라는 소설을 썼을 리 없다. 우리 국민 가운데 많은 사람들이 앓고 있는 고질병 가운데 하나가 '성공신화'일 것이다. 하루하루의 소중한 삶은 성공의 그 날을 위해 희생된다. 매스컴과 지도층들은 맑고 정직하고 순수하고 진지해야 할 우리의 젊은 과학도의 마음을 '노벨상'이라는 허명(虛名)으로 오염시킨다. 노벨상뿐만이 아니다. 올림픽이 열리면 우리 모두 TV 앞에 앉아 있지만, 실은 운동경기가 재미있어서가 아니라 우리 선수가 받을 금, 은, 동메달의 수에 관심이 가기 때문이다. 고3 수험생의 경우, 자신의 적성이나 흥미보다 졸업 후 잘나갈 직업을 염두에 두고 학과를 결정한다. '모로 가도 서울만 가면 된다.'는 속담이 대변하듯이 '과정'이 아니라 '목적'만을 중시하고, '내용'이 아니라 '허울'에 보다 큰 가치를 둔다.

육체의 질병만 전염되는 것이 아니다. '집단신경증'이라고까지 부를 수 있는 이러한 '목적 지향적 인생관'이 우리사회를 오염시킨 지 이미 오래 되었다. 그리고 문제는 이런 인생관이 옳지 못한 것인 줄 모르는 사람들이 아직도 많다는 점이다. 유행성 전염병의 경우 그 예방법이 잘 알려져 있기에 피할 수 있지만, 현학의 탈을 쓰고 매스컴을 통해 스며드는 전도(顚倒)된 인생관과 가치관의 독소는 부지불식간에 우리의 삶을 망가뜨린다. 이런 가치관 하에서는, 목적을 성취하지 못한 사람은 모두 2류로 취급되고 만다. 결국 대부분의 국민은 불행한 삶을 살게 된다.

2002년 월드컵 때 온 국민은 열광했다. 서울의 광화문 네거리는 붉은 셔츠를 입은 응원 인파의 물결로 넘쳐났지만, 경기가 끝나고 나서 몇 달, 아니 몇 주가 지나자 국내의 프로축구 경기장의 관중석은 다시 텅 비고 말았다. 월드컵 경기장과 광화문을 가득 메웠던 인파들이 사실은 축구경기 그 자체에 흥미를 느낀 사람들이 아니었다. 지난 그리스 올림픽 때 결승에 오른 여자 핸드볼 경기를 온 국민이 손에 땀을 쥐며 시청했지만. 그것은 핸드볼 경기 그 자체를 진심으로 사랑했기 때문이 아니었다. 올림픽이 끝나자, 핸드볼은 다시 외면되고 말았다. 그 게임이 무엇이든, 내가 사는 나라의 팀이 이기는지 지는지에만 관심이 갈 뿐이다. 우리의 관심거리였던 '껍데기'가 사라지면 관중석은 다시 텅 비고 만다. 운동경기의 '내용'에는 원래 별 관심이 없었기 때문이다. 프로야구 경기장이 텅 비는 이유 역시 이에 있을 것이다.

운동경기 그 자체에 묘미를 느껴서 운동장 관중석을 찾는 사람이 적듯이, 학문연구 그 자체를 가장 보람 있는 일로 생각하여 학자의 길을 택하는 사람이 많지 않고, 내가 택한 전공에 심취하기 위해 대학에 들어온 학생이 적으며, 스스로 심사숙고하여 업무를 해결하는 직장인이 많지 않다. 얼굴은 자기 앞에 놓인 일을 대하고 있는데 그 눈동자는 '돈'과 '명예', 또는 '권력'이라는 단순 잣대를 향해 틀어져 있다. 우리 모두의 눈은 점점 사시(斜視)로 변해간다.

이제 우리의 시선을 바로 하자. 그리고 내가 디딘 땅을 보자(照顧脚下)!

(경주 동대신문 시론, 2004년 11월1일자)

12. 친미, 용미, 반미, 숭미 그리고 친일

친미, 용미, 반미, 숭미. '미'자 돌림의 어느 자매들 이름 같이 들릴지 몰라도 그게 아니다. 세계 각 국이 미국을 대하는 네 가지 태도이다. 와스프(WASP: White Anglo-Saxon Protestant)들이 설치는 자랑스러운 서자(庶子) 미국에 대해 흐뭇한 눈길을 보내는 노쇠한 아버지 영국의 태도는 한결같이 친미적이다. 제2차 세계대전에서 패망한 이후 악극 '노(能)'의 눈웃음치는 가면으로 속내를 가린 채미국의 장단에 맞추어 춤을 추면서 점점 그 활개를 넓혀 가는 일본의 용미(用美)는 그 기교가 가히 수준급이다. 제1차 세계대전 때 줄을 잘못 선 죄로 오스만터키의 이슬람 제국이 해체된 이후 서구인들에 의해 유린되어 온 중동사람들은 처절할 만치 반미적(反美的)

이다.

그러면 우리는 어떠한가? 한국전쟁 이후 미국의 원조물자가 쏟아져 들어왔다. 1960년대 초 한국의 젊은 인재들이 대거 미국에 초청되어 단기교육을 받은 후 우리 사회의 핵심부에 배치되었다. TV가 보급되자 미국에서 싼값에 제공해 주는 각종 영상물들을 통해 '선하고 정의롭고 행복한 미국'이라는 이미지가 우리에게 심어졌다. 해외 유학자의 90% 이상이 미국산이다. 영어 발음이 잘 될 것이라는 기대로 혀 밑의 인대를 수술해 잘라낸다. 그리고 급기야, 국적 속지주의를 택하고 있는 미국에서 출산하기 위해 작년 한 해 오천여 명의 한국 임산부가 미국 행 비행기를 탔다고 한다. 어느 결에 우리 국민 가운데 많은 사람들이 친미를 넘어서 숭미주의자(崇美主義者)가 되고 말았다.

국가 간에 친선을 유지하는 것은 중요하다. 그러나 상호 평등한 관계에 토대를 두어야 그런 친선관계는 오래 유지될 수 있다. 한 쪽에서는 어떤 정치적 목적을 갖고 다른 한 쪽에 대해 호의를 베풀 때, 상대방이 그것을 간파하지 못하면 뜻하지 않게 화를 당할 수 있다. 정치적 목적에 따라 호의는 언제든지 악의로 변할 수 있기 때문이다. 미국에게 우리는 동아시아의 군사적 거점으로 선택된 나라였을 뿐이라는 점을 우리 국민들이 자각하기 시작한 것은 최근의 일이다. 소련과 미국이 이념적으로 대립하던 과거 냉전 시대에 우리는 국가 간의 관계에도 정의와 도덕이 존재하는 줄 알았다. 그러나 그것은 착각이었다. 수천 년에 걸친 인류의 역사에서 국제관계는 예외 없이 약육강식의 정글의 법칙이 지배할 뿐이었다.

　이제 미국은 자국을 정상으로 하는 일극(一極)체제에 의해 국제질
서를 재편하려 하고 있다. 대량살상무기를 명분으로 내세워 이라크
를 침략하였지만, 결국은 "침략하고 싶어서 침략했다."는 사실을 공
표해 버린다. 이런 미국의 처신은, "늑대가 온갖 핑계를 대며 어린
양에게 시비를 걸다가 말문이 막히자 속마음을 드러내며 그 어린양
을 잡아먹어 버렸다."는 톨스토이의 우화를 생각나게 한다.

　냉전의 양극체제에서 힘의 한 축을 담당했던 소련이 몰락한 지금
점점 오만 방자해지는 미국을 견제할 도리가 없다. 그러나 강자의
교만은 그 말기증상이라는 역사의 교훈이 우리에게 위안을 준다. 이
제 우리는 미국의 몰락 이후를 생각해 보아야 한다. 모 대학 총장을
지냈던 저명인사가, 십 수 년 전 TV의 대담프로에 출연한 적이 있
다. 자신이 일제강점기에 군수를 지내며 징병과 징용에 앞장섰던 친
일파였다는 전력을 정직하게 고백했던 일로 초청되었다. 사회자가
물었다. "그 때 징병과 징용을 종용하는 것이 잘못된 행동인 줄 전
혀 모르셨나요?" 그는 그 당시 자신은 전혀 죄책감을 느끼지 못했
고 해방된 후에야 자신의 행동이 잘못이었음을 자각하였다고 대답
한 후 다음과 같이 말을 이었다. "지금 미국에 대해 호의적인 사람
들이 역사가 흘러 세상이 변한 후, 친일파가 지금 비판받듯이 비판
받는다고 가정해 봅시다. 그 사람들의 심정도 나와 같을 겁니다."

(경주 동대신문 시론, 2004년 4월5일)

13. 청년실업, 그 탈출구는 경주(慶州)에 있다

    실업이 어제오늘의 이야기가 아니지만, 최근의 대규모 청년실업은 단순한 경제적 불황 때문만이 아닌 듯하다. 농업과 공업이 고도로 기계화되면서 더욱더 일자리가 사라진다. 수년 전까지만 해도 농촌의 황폐화를 문제시하며 귀농자금까지 지원하던 정부가 이제는 이농(離農)을 방관하고 소수에 의한 대규모 영농을 권장한다. 공장의 경우 컨베이어벨트와 로봇만 분주하게 움직일 뿐 사람의 모습을 찾기 힘들다. 이렇게 의식주를 생산하는 농공업 분야, 즉 1차 산업과 2차 산업에 종사하는 노동인구의 수가 감소하는 것은 그 생산비용을 절감하고 이익을 증대시키기 위한 것으로 자연스런 현상이다. 그런데 최근 문제가 되는 것은 전통적인 3차 산업에서 요구하는 인력 역시 점차 감소한다는 점이다. 그리고 그 원인은 몇 년 전부터 급속도로 개발, 보급된 정보통신기술에 있다.

컴퓨터와 인터넷과 핸드폰이라는 정보통신기술이 온 나라를 그물망처럼 덮어감과 함께 생산물을 관리하고 유통시키며 판매하는 서비스 산업의 많은 일자리들이 소리 없이 증발해버렸다. 경제활동을 통해 과거 이상의 부가 산출되지만, 과거보다 소수의 사람만이 그 부의 창출에 참여할 수 있기에 빈부의 격차가 심해진다. 빈부의 차가 어느 한계를 넘을 경우 사회 전체가 불안해지며 결국에는 우리 모두가 불행해질 수 있다. 따라서 일자리를 개발함으로써 부가 고르게 분배되도록 만드는 일은, 각 개인의 행복은 물론이고 사회의 안정을 위해 우리가 이룩해야 할 시급한 과제가 아닐 수 없다. 그러나 막막하다. 농업분야의 일자리를 만들기 위해 과거의 집약농(集約農)으로 되돌아갈 수 없고, 공업분야의 일자리를 만들기 위해 과거의 수공업으로 되돌아갈 수 없듯이, 3차 산업 분야의 일자리를 보전하기 위해 정보통신기술의 보급을 중단시킬 수는 없는 일이다. 그러면 도대체 어떻게 해야 할 것인가?

그 답은 '문화창출'에 있다. 농공업의 기계화와 정보통신기술의 보급으로 인해, 소수의 인력만으로도 우리 국민 전체의 기본적인 의식주를 뒷받침하는 일이 충분히 가능하게 되었다. 따라서 남은 대다수의 사람들을 실업에서 벗어나게 해 주기 위해서는 의식주와 무관한 문화적 직업들을 수없이 창출해내야 한다.

그렇지 않아도 사이버 공간 속의 아바타 산업, 이벤트 산업, 발 마사지 등 과거에는 듣지도 보지도 못했던 새로운 업종들이 각광을 받고 있다. 머리 염색, 다도, 영화 산업, 공연예술, 아로마 산업, 캐 릭터와 액세서리 디자인 등등. 이런 것들은 우리의 생존과는 직접적 관련이 없는 것들이다. 유명 브랜드의 신발을 신었다고 해서 발에 흙이 덜 묻는 것도 아니고, 시원하기 위해서 청바지를 찢어 입는 것 도 아니며, 비싼 값의 헤이즐넛 커피를 마셨다고 해서 건강해지는 것도 아니다. 문화는 우리의 동물적 생존과 무관한 가상(假想)인 것 이다. 그래서 많은 기성세대들은 젊은이들의 새로운 문화취향에 대 해 '사치'와 '허영'이라는 낙인을 찍은 후 비판하고 훈계하며 거부해 왔다. 그러나 정보통신기술의 급속한 보급으로 인한 대량실업과 그 로 인해 야기될 사회적 혼란이 눈으로 불 보듯 빤한 지금 과거의 가치관만 고수할 수는 없다. 정보통신혁명과 보조를 맞추어, 우리의 인생관과 가치관에도 혁명적 변화가 와야 한다. 그래서 앞으로 창출 될 다종다양한 문화를 열린 마음으로 기꺼이 수용하고 즐기는 자세 를 우리 모두가 갖추게 될 때, 실업의 문제 역시 서서히 해결될 수 있을 것이다.

그러나 여기서 문제가 남는다. 도대체 어떤 문화를 창출하면 좋을 것인가? 어떤 문화적 직업을 개발하면 좋을까? 그 해답은 바로 이 곳 경주에 있다. 새롭게 창출될 문화산업의 무궁무진한 토대가 될 수 있는 우리민족의 문화유산이 가장 잘 보전되어 있는 도시가 바 로 이곳 경주이기 때문이고, 지금까지 문화산업만으로 살림을 꾸려 왔던 도시가 이곳 경주이기 때문이며, 새로운 문화산업의 창출을 위해 항상 고민해 왔던 사람들이 바로 이곳 경주 사람들이기 때문이다. 경주가 문화산업, 가상산업의 창출을 위한 시범도시로 되어 성공적으로 운영될 때, 우리의 미래에 대한 모범답안이 찾아질 수 있을 것이다. 문화도시 경주에 청년실업의 탈출구가 있다.

(경주 동대신문 시론, 2003년 9월1일)

14. 탄허 스님의 예언과 정보통신문화

유불선 삼교에 통달하시고, 선교(禪敎)를 겸수하셨으며, 교학 중 특히 화엄학에 조예가 깊으셨던 탄허 스님께서는 생전에 수많은 예언을 남기셨다. 스님의 예언은 주역과 음양오행설, 그리고 김일부 선생의 정역(正易) 등에 근거한 것으로, 스님에게는 여기(餘技)와 같은 것이었지만, 길흉화복에 웃고 우는 미혹한 대중들은 스님의 선지(禪旨)와 학행(學行)보다 예언에 더 많은 관심을 보였다.

6.25동란, 삼척 울진 공비침투 사건, 미국의 월남전 패배, 박정희 대통령과 마오쩌둥의 사망, 광주 민주화 운동 등 스님의 수많은 예언들은 적중하여 세인들을 놀라게 하였다. 그러나 조만간 천지개벽이 일어나 강대국의 핵폭탄이 저절로 폭발하고, 전 인류의 대부분이

일시에 사망하며, 일본 국토의 ⅓이 침몰할 것이라는 무시무시한 예언과, 동해가 육지로 변하고, 만주 땅이 우리 것이 되며, 우리나라가 사우디아라비아 이상의 산유국이 되고, 곧이어 남북통일이 이루어질 것이라는 희망찬 예언들은 그 시기가 아직 무르익지 않았는지 실현될 조짐이 없다(김탄허 저, ≪부처님이 계신다면≫ 참조).

불교적 견지에서 볼 때 미래가 완전히 결정되어 있다고 보는 숙명론은 도덕과 수행의 가치를 부정하는 사견(邪見)이기에 배척받아야 할 것이다. 그러나 그렇다고 해서 우리의 미래가 완전히 열려 있다고 보는 사르트르(Sartre) 식의 극단적 자유론이 옳다는 말은 아니다. 불교의 인과응보설이나 아뢰야연기론에서 가르치듯이, 우리가 현생에 받고 있는 모든 것은 과거 또는 전생에 지었던 업으로 인해 야기된 것이기 때문이다. 그리고 우리가 전생에 지었거나 현생에 짓고 있는 업들은 우리의 마음속에서 하나하나 씨앗으로 결실된 후 미래의 언젠가 발아(發芽)하여 과보로 나타나기 위해, 지금도 우리의 마음속에서 성숙하고 있다. 예언이 들어맞는 경우는, 이렇게 우리의 마음속에 잠재된 업종자의 의미를 그대로 해석하거나 직관했기 때문일 것이다.

그러나 업종자의 의미를 정확히 파악하여 어떤 예언을 했다고 해도 그것이 나중에 실현되지 않는 경우가 있다. 현재 우리가 짓는 행위에 따라 업종자에 변화가 생길 수 있기 때문이다. 우리 각자가 전생이나 과거의 악업을 진심으로 참회하고 계행(戒行)을 다짐한다면 마음 창고 속에서 발아를 기다리며 익어가던 악업의 씨앗들은 그 성장을 멈추고 쇠락하게 된다. 더 나아가 우리가 매일매일 적극적으로 선업을 지으며 살아간다면, 그로 인해 야기될 행복의 과보가 내생이 아닌 현생에 미리 나타나기도 한다. ≪명심보감≫에서도 '착하게 살아가는 집안에는 반드시 남은 경사가 있다'(積善之家 必有餘慶)고 말하듯이 …. 물론 그 반대 경우도 있을 수 있다. 이렇게, 인과응보설은 극단적인 숙명론도 아니고 극단적인 자유론도 아니다. 미래에 우리가 겪을 일들이 대체로 결정되어 있긴 하지만 우리가 지금 무엇을 짓는가에 따라 미래는 변할 수 있다. 탄허 스님의 예언이 간혹 적중하지 않았던 것은 인과응보의 이러한 가변성(可變性) 때문일지도 모른다.

그런데, 탄허 스님의 예언들 중 지금 그대로 실현되고 있는 것이 한 가지 있다고 생각된다. 스님께서는 앞으로 화엄의 세계가 열릴 것이라고 말씀하신 바 있다. 즉, 비단 불교계 내에서뿐만 아니라 어린아이부터 노인에 이르기까지 전국민이 화엄을 공부하고 실천하는 세계가 도래할 것이며, 이런 화장장엄(華藏莊嚴)의 미래세계는 한국 사람들에 의해 선도(善導)될 것이라고 예언하셨다. 지금 우리나라 사람 대부분이 화엄학을 공부하고 있지 않고 공부하려 하지도 않는데, 이게 무슨 엉뚱한 소리냐고 반문하는 사람이 있을지도 모른다. 그런데 '화장장엄세계'를, 컴퓨터와 인터넷과 핸드폰이 주도하는 '현대의 정보통신사회'와 동치시킬 경우, 스님의 예언은 그 의미가 살아난다.

방대한 ≪화엄경≫의 가르침을 짧은 시구로 요약한 의상(義湘) 스님의 ≪법성게≫에서는 한 티끌 공간 속에 온 우주가 들어가고(一微塵中含十方), 한 찰나의 생각에 무량겁의 시간이 담겨 있다고 노

218

래한다(一念卽是無量劫). 한 톨 먼지 크기의 공간 속에 온 우주가 들어 있고, 한 순간의 생각에 온 시간이 담겨 있기에 언제 어디서든 그 누구도 부족한 것이 없다는 것이다. 다시 말해 그 누구나 모든 것을 갖추신 부처님이란 말이다. 사실 물리적 측면에서 보아도, 우리 눈동자에 뚫린 작은 구멍으로 온 우주의 모습이 모두 빨려 들어온다. 이것이 세상의 진상이다. 그러나 우리는 이런 진상을 모르고 자신을 못나고 부족한 존재라고 착각한 채 끊임없이 무언가를 추구하며 살아간다. 그래서 무명 중생이다.

그런데 컴퓨터, 인터넷, 핸드폰에 의해 주도되는 현대의 정보통신 사회는 우리와 같은 무명 중생을 부처님과 같이 만들어 준다. 손톱만한 메모리 칩 속에 우리의 인식에 영향을 주는 온갖 정보가 담겨 있고, 인터넷을 통해 전 세계의 단말기에 누적된 모든 정보와 만날 수 있으며, 언제 어디에 있다고 하더라도 핸드폰을 통해 항상 모든 사람과 교신할 수 있다. 지금 여기의 나는 모든 것과 만날 수 있고, 모든 것을 알 수 있고(一切智, 全知), 모든 것을 할 수 있는 것이다(神通, 全能).

이렇게 '한 티끌 만한 공간 속에 온 우주를 담는 화엄적 문화'인 현대의 정보통신문화에 대한 우리나라 사람들의 관심은 각별하다. 컴퓨터와 핸드폰 보급률, 인터넷 통신망, 메모리 칩 생산 등의 분야에서 우리는 가히 세계 최고 수준이다. 개발은 서구인들이 했지만 그것을 사용하는 데는 우리가 가장 적극적이다. 스타크래프트와 같은 컴퓨터 게임의 경우 전 세계 100위 권 이내를 우리 청소년들이 석권할 정도로 그 성취가 놀랍다.

   우리 민족의 이런 화엄적 성향은 오늘날 새롭게 나타난 것이 아니다. 우리 불교의 경우 겉모습은 선종이지만 정토, 화엄, 진언 등 대승의 온갖 사상이 녹아든 통불교적 특성을 지닌다고 한다. 최근에는 남방의 위빠싸나와 티벳불교까지 흡인하려 한다. 벽촌에 가도 술자리만 벌어지면 김대중이가 어떻고 이회창이가 어떻다는 거대담론이 오가며 열띤 토론이 벌어진다. 어린아이가 말문이 트일 정도가 되면, 피아노, 웅변, 속셈, 미술, 영어 등 온갖 학원을 순례시킨다. 어른, 아이 할 것 없이 모든 것을 다 해야 직성이 풀린다. 우리나라 사람들의 이런 성향이 부정적인 것만은 아니다. '직업을 소명으로 여기는 노예'가 아니라 '모든 것을 총괄하는 주인'으로 살아가려는 심성이며, '천수천안의 보살'이 되려는 마음가짐으로 전화될 수 있는 불교적인 심성이다. 현대의 정보통신 문화를 대하는 우리 청소년들의 눈빛이 유난히 반짝이는 이유도 그 핏속에 흐르는 종합과 회통의 유전인자 때문인지도 모른다.

   그리고 우리 사회를 진정한 화장장엄세계로 만들기 위해 앞으로 우리 불교인들이 해야 할 일은 정보통신문화에 '윤리'의 지침을 제공하고 '자비'와 '지혜'의 거름을 대는 일일 것이다.

(계간 불교평론 '사색과 성찰', 2003년 봄호)

15. 빈 터의 교훈

서울에서만 살다가 이 곳 경주캠퍼스에 부임한지 어느덧 1년이 지났다. 작년 이맘 때 아직 연구실을 배정 받지 못했던 필자는 강의가 없는 시간을 이용하여 버스를 타고 혼자 첨성대와 석굴암 등을 돌아본 적이 있다. 그 전에도 몇 번 경주에 와 보긴 했으나, 국보급 문화재들의 실재를 확인한 후, 방문의 증거를 남기기 위해 그 앞에서 기념 촬영하는 소위 관광여행으로 그쳤을 뿐이었다. 그런데 작년 봄 빈 시간을 때우기 위해 이루어진 하루 동안의 나들이에서 필자는 경주의 문화재 하나하나와 그 문화재를 만들어낸 신라인의 후손들의 모습들을 찬찬히 살펴 볼 기회를 가질 수 있었다. 그 때 필자에게는 세 가지 점이 무척 신기하게 느껴졌다. 첫째는 첨성대와 석굴암, 또 감은사 석탑 등이 상상했던 것 이상으로 그 규모가 크다는 점이었고, 둘째는 버스를 타고 내리는 필자의 발걸음이 다른 사람보다 무척 빠르다는 점이었으며, 셋째는 경주 시내를 바라볼 때 다른 도시와 달리 시야의 많은 부분을 텅 빈 하늘이 차지한다는 점이었다. 빈곳을 가만 놔두질 못하고, 조급성이 몸에 밴 서울 산(産) 속물이었던 필자에게 '크고', '여유 있고', '비어 있는' 경주의 모습은 잔잔한 충격이었다.

첨성대, 오릉, 분황사와 같은 문화재는 그 주변이 비어 있어야 그 진가가 드러난다. 그러나 지금 우리 국토에서 빈 공간은 점차 사라지고 있다. 국립공원이나 문화유적 주변의 빈터에는 지방자치단체의 적극적인 지원 하에 각종 관광시설들이 들어선다. 그래야 다수의 국민들이 여가를 즐기며 행복하게 살아갈 수 있다고 생각되기 때문일 것이다. 많은 사람들은 관광과 오락을 문화와 혼동한다. 전통문화의 중요성을 말할 때에도 대부분 그 목적은 관광객을 끌어 들여 수익을 창출하기 위해서이다.

몇 년 전 고속철도의 열풍이 비껴간 경주에, 얼마 전에는 경마장의 광풍이 스치고 지나갔다. 고요했던 고도(古都) 이곳 경주에 앞으로 또 어떤 바람이 휘몰아칠지 알 수가 없다. 설혹 '빠름'의 대명사인 고속철도가 경주를 가로질러 상권이 부흥되고 '빈터'에 경마장을 세워 관광객 수가 급증한다고 해도 그 이익의 대부분은 결국 '속 좁고' '발 빠른' 외지인들의 몫이 될 것이다. 제주도가 그랬고, 강원도 정선이 그렇듯이.

(동대신문 '달하나 천강에' 칼럼, 2001년 4월)

Ⅲ
파사현정의 길

1. 불자의 조직화

이 시대의 불교인들이 반드시 이루어야 할 과제가 있다. 불자들을 조직화하는 일이다. 이는 '자등명, 법등명'하라는 부처님의 유훈에는 어긋나는 일일지 몰라도 조직화 된 셈족의 종교(Semitic Religion)의 공격으로부터 부처님의 가르침을 보호하고 보전하기 위한 정당방위의 방편이다.

기독교, 이슬람교, 유태교와 같은 셈족의 종교는 '순수한 종교'라 기 보다는 '종교의 이름을 내건 사회조직'이다. 독단적 이념에 따라 일사분란하게 움직이는 조직이다. 전철이나 거리에서 '예수 지옥, 불신 천국'을 외치는 그들에게서 우리는 6.25 즈음하여 붉은 완장을 찼던 공산당원의 모습을 떠올리게 되고, 히틀러에게 충성을 다했던 나치스의 모습을 본다. 그러나 조직에 대한 이들의 충성심은 결코 종교심이 아니다.

척박한 땅에서 양을 키우며 생활하던 셈족은 그들의 생활방식 그 대로를 종교로 빚어내었다. 그래서 그들이 신봉하는 성전(聖典)에는 양떼-목자의 비유가 자주 등장한다. "신은 죽었다."고 일갈했던 독일 철학자 니체는 이러한 기독교의 가르침을 '가축의 도덕'이라고 신랄하게 비판하였다. 가축들은 주인에 대한 맹목적 '믿음'과 '열광'과 '공포'와 '감사' 속에서 살아간다. 그러나 이러한 '가축의 마음'은 진정한 종교심이 아니다. 진정한 종교심이란 불이중도(不二中道)의 불성(佛性)으로, 삶과 죽음이 둘이 아니라는 생사일여(生死一如)의 지혜로 자각되기도 하고, 나와 남이 다르지 않다는 동체대비(同體大悲)의 자비로 실천되기도 한다. 예수의 아가페적인 사랑이나 맹자의 측은지심 모두 이러한 불성의 한 측면이다. 종교에 따라 신성(神性), 본성(本性), 자성(自性) 등으로 표현되는 불성은 진정한 종교심의 원천이다.

그러나 종교심이 아니라 '가축의 마음'을 훈련한 종교인들은 우리 사회의 재앙일 뿐이다. 양떼와 오리떼가 섞일 수 없듯이, 조직과 조직은 근본적으로 화해할 수가 없다. 가축을 키우던 방식이 그대로 투영된 셈족의 종교가 서구의 역사에서 수많은 전쟁과 사회적 갈등의 진원지였던 이유는 바로 그들의 잘못된 종교관에 있었다.

이제는 많은 서구인들이 종교적으로 성숙하였다. 진정한 종교는 제도와 조직 너머에 있다는 점을 자각하기 시작한 것이다. 가톨릭 사제이면서 참선에 심취한다. 구미에 지어진 티벳 사찰의 자원 봉사자 가운데 많은 수가 개신교 신자라고 한다. JuBu(Jewish Buddhist)라는 신조어에서 보듯이, 유태교도이면서 불교도인 사람이 특히 많다. 종교 간에 선이 지워지기 시작한 것이다. 서구인들이 '진정한 종교심'에 대해 비로소 눈을 뜨기 시작한 것이다.

그런데 문제는 우리나라에 그렇게 열린 종교관을 갖는 이웃종교인들이 아직 극소수라는 점이다. 그 동안 우리 불자들은 열린 종교관을 지켜오면서 이웃종교인들의 추태를 크게 나무라지 않았다. 그들이 성숙하기를 기다린 것이다. 그러나 우리사회의 윤리, 도덕의 수준이 점차 악화되고 있는 현실에 보조를 맞추려는 듯, 그들의 독선적인 종교관은 그 도를 더해 간다. 이를 그대로 방치할 경우 우리 사회 전체가 불행에 휩싸일 것이 불을 보듯 뻔하다. 내 종교와 남의 종교 간에 진한 선을 긋고 남의 종교를 박멸하려는 그들의 습관은 자신의 종교 내에서도 이단과 정통의 선을 긋게 만들어 결국 제2, 제3의 종교분란을 일으키고 말 것이다. 그들의 역사가 이를 증명한다.

불교는 '마음의 종교'이기에 불자들이 모여서 조직을 이루는 것을 중시하지 않았다. 그러나 '조직성'에서 아직 벗어나지 못하고 있는 '셈족의 종교'로부터 우리 사회와 불교를 보호하기 위해서는 부처님의 가르침에 조직의 옷을 입혀야 한다. 이는 '착한 사라마리아인'을 칭송했던 그들의 교조를 그들이 더 이상 모독하지 않게 하기 위한 건전한 견제이기도 하다. 언젠가 그들이 조직성에서 벗어나 '교회에서 염불소리, 법당에서 아멘소리'라는 성철 스님의 화두와 같은 법어가 현실이 되는 그 날이 오면, 부처님의 '자등명, 법등명'의 유훈

228

으로 다시 돌아가자.

(법보신문 시론, 2008년 10월8일)

2. 진정한 종교란 무엇인가?

　얼마 전 TV에서 본 장면이다. 팔레스타인 난민촌을 취재하는 이스라엘의 한 작은 언론사를 운영하는 기자들에 대한 얘기였다. 서너 명의 기자들이, 중무장을 한 이스라엘 병사들이 지키는 초소에 도착하였다. 지척에 있는 곳인데 초병들이 이런 저런 핑계로 시간을 끄는 바람에 기자들은 반나절이 지나서야 겨우 팔레스타인 난민촌에 도착하였다. 항상 그랬다고 한다. 그리곤 그 전날 있었던 이스라엘 공군기의 폭격으로 팔레스타인 난민들이 입은 피해에 대해 취재를 시작했다. 몇 명이 죽었는지, 누가 죽었는지, 어디를 다쳤는지, 어떤 일을 하다가 다쳤는지, 지금의 심경이 어떤지 …. 팔레스타인 사람들은 울먹이며 그 모든 물음에 대답을 했다. 취재에 무척 협조적이었다. 그 기자들이 자신들의 처절한 고통을 널리 알리기 위해 취재를 하러 오곤 한다는 점을 익히 알고 있기 때문이라고 했다.

이 기자들은 이스라엘 정부에게는 '눈의 가시'와 같은 존재라고 했다. '눈에는 눈, 이에는 이'이라는 구약성경의 가르침에 의한 것인지 몰라도, 예루살렘의 이스라엘인 거주지에서 폭탄테러가 일어나면, 이스라엘 공군은 즉각 출격을 하여 팔레스타인 난민촌 가운데 '적당한' 곳에 무차별 폭격을 퍼붓는다. 테러와 무관한 수많은 양민들이 목숨을 잃거나 불구자가 된다. 되로 받으면 말로 갚고야 만다는 것을 시현(示現)해 줄 경우, 테러가 사라질 수 있다는 확신 때문인 듯하다. 그러나 그 후에도 팔레스타인 사람들의 테러는 계속된다. 인도의 마하트마 간디(Mahatma Gandhi)의 말과 같이 '눈에는 눈!'이라는 가르침대로 살아가는 그들 모두의 눈이 멀 것 같다.

그런데 참으로 이상한 일이다. 취재를 하는 이스라엘 기자들은 '유태교 신자'들이었고 취재에 응하는 팔레스타인 사람들은 '이슬람교 신자'들이었다. 중동을 포함한 서구의 역사에서 유태교와 가톨릭과 이슬람교와 개신교는 서로 반목하며 죽이고 죽는 종교전쟁을 계속해 왔는데, '유태교 신자'인 이 이스라엘 기자들은 무엇 때문에, 목숨을 잃을 수도 있는 위험을 무릅쓰고, 이교도인 팔레스타인 사람들을 도우려고 하는 것일까? 유태교도로 개종을 시키기 위해서일까? 그럴 수도 없지만, 그건 아니었다. TV카메라에 비친 그들에게서는 '팔레스타인 난민에 대한 깊은 연민'과 '이스라엘 정부에 대한 준엄한 분노'의 모습만 볼 수 있었다. 자신들의 종교 세력을 넓히기 위한 가장된 '위선'의 모습이나, 남의 고통을 이용해 우월의 기쁨을 만끽하는 '교만'의 모습은 조금도 찾을 수 없었다.

그러면 '유태교도'인 이들로 하여금 목숨을 걸고 '이슬람교도'인 팔레스타인 난민들에게 다가가게 만든 보이지 않는 힘은 무엇이었을까? 그것은 바로 그들에게 내재한 불성(佛性)이었다. 불성이란 "나와 남이 둘이 아니다."라는 자타불이(自他不二)의 인지(認知)로 자각되기도 하고 자타불이의 감성(感性)으로 드러나기도 한다. "모든 중생이 불성을 갖는다(一切衆生 悉有佛性)"는 ≪대반열반경≫의 가르침은 '제도권 종교' 간에 그어진 선(線)을 지운다. 유태교도든 이슬람교도든, 자신에게 내재한 불성의 편린이라도 자각한 사람은 남의 고통에 대해 방관하지 않는다. 이것이 진정한 종교심이다. 위험을 무릅쓰고 팔레스타인 난민촌을 취재하는 이스라엘의 한 언론사 기자들의 모습에서 '진정한 종교'가 무엇인지 새삼 확인할 수 있었다.

불교를 포함하여 인도나 동아시아의 종교에서는 원래 종교 간에 선을 긋지 않았다. 그러나 '양과 같은 가축을 키우는 방식'이 그대로 투영되어 있는 유태교, 기독교, 이슬람교와 같은 '셈족의 종교(Semitic Religion)'는 '종교성'보다 '조직성'이 강하기에 종교와 종교, 종파와 종파 간에 진한 선을 그으며 인류의 역사에서 종교의 이름으로 많은 죄악을 저질러왔다. '이슬람교도'인 팔레스타인 난민을 '진심으로' 돕는 '유태교도'인 이스라엘 기자들의 모습을 교훈 삼아 그들의 '선 긋기 식 종교관'에 변화가 오기를 바란다.

(법보신문 시론 '선긋기식 종교관', 2008년 9월10일)

3. 이 나라의 철부지들

현재 정부의 요직에 오른 이웃종교인들에게 묻는 말이다. 중동을 포함하여 서구의 역사를 피로 물들인 종교분쟁의 역사를 아는가?

11세기 말부터 근 200년 동안, 수많은 사람들을 죽음으로 몰고 간 악명 높은 '십자군 전쟁'. 독일 인구 가운데 무려 3/4을 줄어들게 했다는 가톨릭과 개신교 간의 '30년 전쟁'. 아우슈비츠의 홀로코스트에서 절정을 이룬 기독교도들의 유태인 학살. 북아일랜드의 가톨릭과 영국 성공회 간의 처절한 종교분쟁. 이루 다 열거할 수 없을 정도다.

살상을 할 경우 형법에 의거한 처벌을 받기에 유럽에서와 같이 타종교인에 대한 대규모 살육을 자행하지는 못했겠지만, 8.15광복 이후 '우리민족을 해방시켜 준 은혜의 나라'인 미국의 정치적, 문화적, 경제적 위력을 배경 삼아 우리의 전통종교에 대해 가해진 기독교인들의 공격적 선교는 거의 '살상(殺傷) 수준'이었다. 조선시대 이후 관혼상제 의례까지 장악했던 유교는 '서구의 종교학 이론에 세뇌된' 종교학자들에 의해 '종교가 아닌 것'으로 일방적 사형선고를 받은 지 이미 오래 되었다. 일찌감치 '미신'이라는 낙인이 찍힌 무속은 시도 때도 없이 'TV코미디'에서 조롱을 받는다. 그저 그 질긴 생명력으로 '내림굿'을 통해 계속 자연발생하고 있는 것이 신기할 뿐이다.

서구인들이 상식으로 삼는 '교양' 가운데 하나가, 타인과의 대화 도중에 '종교'나 '정치'와 관련된 얘기를 화제로 삼아서는 안 된다는 것이라고 한다. 좌와 우의 이념적 대립의 상처와, 종교분쟁의 쓰라린 과거가 교훈이 되어 그들의 입을 다물게 했던 것이다. 아픈 만큼 성숙해진 것이다.

우리나라 사람들도 최근 들어 '정치'적 얘기를 화제로 꺼낼 때 무척 조심스러워지고 있다. 상대방의 정치적 이념을 무시하고 자신의 주장을 펴다가 자칫 결례를 범할 수도 있고 의를 상할 수도 있기 때문이다. 그런데 '종교'의 경우 그 '비극의 냄새'를 전혀 모르는지 전철이나 거리와 같은 공공장소에서 아직도 광적인 선교행위가 버젓이 행해지고 있고, 많은 교육기관에서 기독교 교육이 강요되고 있다. 더 나아가 강제적인 기독교 교육의 부당성을 재판에 호소했는데 1심에서는 승소했지만, 얼마 전 고등법원의 판결에서는 패소했다고 한다. 하필이면 그 재판을 배정받은 판사가 고소당한 학교와 같은 교파에 속한 교회의 장로님이셨다고 한다. 그 판사분의 종교가 그분이 내린 판결에 전혀 영향을 주지 않았기를 바란다.

　미국의 경우 '기독교적 창조론'을 '지적(知的) 설계론'이라는 이름으로 포장한 후 이를 '다윈의 진화론'과 함께 일반학교에서 가르쳐야 한다고 기독교 근본주의자들이 몇 년 전 소송을 낸 적이 있는데 법원에서 가차 없이 패소했다고 한다. 그 유명한 '도버 재판(Dover Trial)'이다. 그러나 우리나라의 법원은 '기독교 종주국'인 미국의 법원보다 더 막나간다.

　며칠 전 조계종 총무원장 스님의 승용차가 조계사를 나서려다 느닷없는 경찰의 검문검색을 당했다고 한다. 원장스님의 신분을 훤히 알고 있음에도, 오히려 더 검색을 해야 한다며 트렁크를 뒤졌다고 한다. 9.11테러를 겪은 미국에서 항공기를 타려는 사람이라면 그가 교황님이든, 목사님이든 검색하는 것이 당연할 것이다. 그런데, 조계사를 나서는 총무원장 스님의 차를 뒤지는 이유는 무엇이었을까? 참으로 걱정스럽다. 통계적으로는 약 1천만 신도, 정서적으로는 2천만 신도를 갖는 불교계를 우롱하고 탄압하기에 걱정스럽다는 말이 아니다. 누구인지 몰라도 그런 책략을 고안하거나 지시한 '상급자', 또는 '참모'의 '지적(知的) 능력'이 참으로 걱정스럽다. 그런 관료의 지시에 대해 아무도 직언(直言)하지 못하고 말단의 경찰에게 그대로 하달되는 복지부동의 경찰행정이 걱정스럽고, 그런 관료에게 잠시라도 국정의 일부를 떠맡겨야 하는 우리 국민과 국가의 미래가 참으로 걱정스럽다는 말이다.

(법보신문 시론, 2008년 8월6일)

4. 유태교의 생명력과 선원청규 제정

참으로 희한한 종교가 있다. 유태교가 그것이다. 별로 심오한 내용을 담고 있지 않음에도 불구하고 그토록 오랜 세월 동안 존속해 왔다는 것이 신기하고, 최근 급증하고 있는 서구 불교도의 중심세력이 유태인들이라는 점에서는 고맙기도 하다.

구약성경에 해당하는 토라(Torah)와 함께 유태인들이 생활지침서로 사용하는 탈무드(Talmud)의 경우 '신앙과 철학이 담겨있는 종교서적'이라기보다 '처세와 상술을 가르치는 우화집'이다. 이스라엘 멸망 이후 유럽에 이주했으나 기독교도로 개종하기를 거부한 유태인들은 신분의 제약을 받아 농공업에 종사할 수도 없었고 관료가 될 수도 없었기에, 본의 아니게 고리대금업이나 전당포업과 같이 '천박한' 금융업에 종사하면서 생계를 유지해왔다고 한다. 기원은 오래되었으나 그런 시련의 과정에서 증광되어 온 것이 바로 탈무드이다.

콜럼버스 이후 식민주의시대를 거치면서 유럽에 쏟아져 들어온 막대한 재화의 힘으로 자본주의 시대가 시작되자, 핍박 속에서 천수백 년 간 '돈을 다루는 솜씨'를 익혀 온 유태인들은 마치 '물을 만난 고기'처럼 세계경제의 중심세력으로 급부상하면서 세계정치무대의 막후에서 은밀한 조정자 역할을 하게 된다.

토라의 경우 신화적 역사 서적이기에, 그 내용에서 심오한 종교적, 철학적 통찰을 찾아 볼 수 없는 것이 당연하겠지만, 그들이 애독해 왔다는 탈무드 역시 종교나 철학과는 별로 관계없는 처세서(處世書)일 뿐이다. JUBU(유태인 불교도)라는 신조어가 창안될 정도로 구미의 불교도 가운데 유태인들이 특히 많은 이유는, '처세술과 상술'이라는 탈무드의 각박한 가르침이 그들의 종교적 갈증을 다 채워주지 못했기 때문일 것이다.

그러면 그 내용으로 볼 때 별로 종교답지 못한 이러한 유태교가, 혹독한 시련 속에서도 오랜 세월 동안 존속될 수 있었던 이유는 무엇일까? 이는 '규범과 의례의 철저한 준수'때문이라고 생각된다. 유태교도들은 몇 가지 '규범과 의례'만은 수천 년 간 반드시 지켜왔다. 매주 금요일 일몰 직전부터 토요일 일몰 직후까지를 안식(安息)기간으로 삼아 불을 피우거나 글을 쓰는 등의 노동을 절대 하지 않는다. 이집트에서 탈출한 유월절(逾越節), 모세가 토라를 전해 받았다는 칠칠절(七七節), 방랑하던 유목생활을 기념하는 초막절(草幕節) 등이 되면 선조들의 고난을 떠올리며 종교의식을 치른다.

불교 율장에서도 '부처님 가르침이 오래 머물게 하는 것(正法久住)'을 율 제정의 취지로 들지만, 규범의 준수가 집단을 존속케 하는 비결이라는 이치는 비단 종교에만 해당하는 얘기가 아닐 것이다. 그 어떤 사회집단에서든 콩가루와 같은 개개인을 그 집단에 결속시켜 주는 접착제와 같은 역할을 하는 것은, 그 집단에서 표방하는 '이념'도 아니고, 그 구성원들의 '감성'도 아니며 그 집단에서 제정한 규범이나 의례와 같은 '형식'을 준수하는 일이다.

최근 조계종단에서 선원청규(禪院淸規)의 제정을 계획한다고 한다. 선원 수좌스님들이 지켜야 할 규범집을 새롭게 만든다는 것이다. '마음의 종교'라는 핑계로 '규범이나 의례와 같은 형식'에 소홀했던 우리 불교계였기에 너무나 다행스러운 일이 아닐 수 없다. 율이나 청규와 같은 규범은 부처님의 가르침을 담는 그릇이기 때문이다.

(불교신문 수미산정 칼럼 '선원청규 제정의 의의', 2006년 10월21일)

5. 총무원장스님을 모시고 돌아 본 중국 불교부흥의 현장

총무원장스님께서 십 수 년 간 이끌어 오셨던 가산불교문화연구원에서 주관하는 '제2차 중국불교성지순례'를 다녀왔다. 주된 목적은 작년 여름에 있었던 제1차 순례 때와 마찬가지로 현재 제8권까지 출간된 불교사전 ≪가산대사림≫의 원고 집필을 위해 중국 내 전통 사찰과 불적 관련 최신 자료를 수집하는 것이었지만 소득은 그 이상이었다.

중국불교의 외형은 눈부시게 발전하고 있었다. 중국헌법에 국교가 명시되어 있을 수야 없겠지만, 중국정부는 수년 전부터 불교를 국교에 준하는 종교로 삼고서 근대화와 문화혁명으로 인해 파괴되었던 사찰과 사적지의 부흥을 위해 혼신의 노력을 기울이고 있다고 한다. 방문하는 사찰 가운데 그라인더와 망치 소리가 요란한 곳이 한두 군데가 아니었다. 최근까지 우리 사찰들에서 그랬듯이 중국의 불교 성지 도처에서는 건축불사가 한창이었다.

7월28일부터 8월5일까지 8박9일에 걸친 긴 여정이었지만 운강석굴, 오대산, 백림선사, 임제사, 용문석굴, 백마사, 소림사 등등 중국 내륙지방 도처에 산재한 불교성지들을 거의 모두 방문하여 예불을 올리고, 면담을 하고, 자료를 수집하였기에 여행이라기보다 강행군과 같았다. 원장스님께서 노트를 손에 들고 현판을 확인하고 비문을 읽으시며 원고에 이용할 자료를 메모하시는 모습, 무더운 날씨임에도 불구하고 가사장삼을 모두 수하시고 예불에 임하시는 모습을 보고는 아무도 힘들다는 얘기를 꺼낼 수가 없었다.

과거 선지식들의 체취가 서린 중국불교성지 곳곳을 순례하면서 원장 스님과 종단의 중진 스님들, 그리고 필자를 포함한 전문연구위원 가족과 연구원들이 모두 동참하여 치르는 예불의식은 참으로 감동스러웠다. 감격의 눈물을 보이는 분도 가끔 눈에 띄었다. 예불 때마다 원장 스님의 발원기도가 이어졌다. '조계종의 중흥'과 '한반도의 통일' 그리고 '세계 인류의 평화 공존'을 기원하는 내용을 담은 발원문을 독송하셨다. 중국과의 외형적 불교교류도 중요하겠지만 학덕을 갖추신 우리 큰스님들께서 중국불교성지를 친히 방문하시어 이렇게 진심어린 기도를 올리는 것이 한중불교의 앞날을 위한 실질적인 힘이 될 수 있다는 생각이 들었다.

미국의 불교학자 로버트 버스웰 교수의 주관으로 얼마 전에 ≪흐름과 역류≫(Currents and Countercurrents)라는 제목의 책이 발간되었다. 동아시아불교사에서 한국불교의 역할에 대해 조망한 논문 모음집이다. 인도에서 발생한 불교가 중국을 거쳐 한국에 전해지는 과정을 '흐름'이라고 표현하였고, 우리 한국인들이 잘 보존하고 성숙시킨 불교가 다시 중국인들에게 전해졌다는 의미에서 '역류'라는 표현을 사용하였다. 한중 불교교류의 특징을 깊이 통찰한 참으로 적절한 제목이라고 생각된다. 동아시아 불교교류사를 일별할 때, 과거 일본의 경우는 일방적인 수입국이었다. 그러나 우리는 일본과 달랐다. 당 무종이 저지른 회창의 폐불로 천태 전적이 소실된 후, 우리가 보존하고 있던 불전들을 전해주고 스님을 파견함으로써 중국불교의 부흥에 일조한 사실, 혈혈단신 양자강 하류의 남경으로 내려가 섭산 서하사에 주석하면서 삼론종의 토대를 마련한 고구려 승랑 스님, 원효와 원측 스님의 교학 등이 우리 불교가 중국으로 '역류'한 대표적인 사례들이다. 그리고 지금이 바로 이러한 '역류'의 시기라고 생각된다. 현재 중국 도처에서 활발하게 진행되고 있는 법당불사가 내실을 갖추려면 인재불사와 교육불사가 뒤따라야 하는데, 중국에서 전해진 선불교 전통을 잘 간직하고 성숙시켜 온 우리가 그 역할을 해야 한다고 생각한다. 예불의식, 천도의식 등 불교의식을 전해주어야 하고, 우리 선방의 간화선 전통을 전해주어야 하며, 강원교육 전통을 전해주어야 한다.

정치·경제적으로는 인접국이 경쟁상대가 되고 강자와 약자가 있을 수 있겠지만, 문화종교적으로는 인접국이 호혜 평등관계에서 서로 도울 수 있다. 그리고 중국불교인들에게 전해줄 우리의 선불교 전통은 '우월'이 아니라 '보답'의 한류(韓流) 불교가 되어야 할 것이다. 그럴 때 미래의 중국불교는 우리에게 크게 보답할 것이라고 확신한다.

(불교신문 기고문, 2006년 8월9일)

6. 선(禪)과 교(敎), 승(僧)과 속(俗) 그리고 유발 교학자

　아직 가보지 못한 어느 장소에 가려고 할 때, 가장 힘을 덜 들이고 그곳에 갈 수 있는 방법은 이미 그곳에 갔다 온 사람의 조언을 받으며 그곳으로 가는 것이리라. 그러나 그런 조언을 받을 수 없는 경우 우리는 과거의 여행담들을 토대로 지도를 만든 후 그곳을 향해 출발할 수도 있을 것이다.

　이를 불교 수행에 비교하면 '그곳에 갔다 온 사람'은 '훌륭한 선지식'을 의미하고 '여행담을 토대로 지도를 만드는 작업'은 '교학'을 의미한다고 말할 수 있을 것이다. 훌륭한 선지식과 인연이 닿아 그 가르침을 직접 받을 수만 있다면, 어설픈 교학은 수행자들에게 오히려 번거로운 방해물이 될 것이다. 큰스님들께서 당신 문하의 수행자들에게 "경전을 보지 말라."고 훈계하신 까닭이 이에 있을 것이다.

　그러나 훌륭한 선지식을 만나지 못한 사람들에게는 교학만이 수행을 위한 유일한 지침이 된다. 물론 석가모니 부처님이나 독각불과 같이, 그 어떤 경전도 없는 상태에서 단지 생사에 대한 의심만 가지고 불철주야 정진하면 무사독오(無師獨悟)할 수도 있겠으나 이는 지극히 어려운 일일 것이다. ≪본생담≫에서 보듯이 무량겁에 걸쳐 상구보리하고 하화중생하는 보살로서의 삶이 누적되었어야 비로소 현생에 무사독오의 모습을 시현할 수 있을 것이다. 생사에 대한 의심은 불교인의 전유물이 아니기 때문이다. "죽음은 무엇일까?", "삶은 무엇일까?", "나는 누구일까?" 이 모든 의심들은 비단 불교인만이 아니라 역사 이래 모든 철학자와 종교인들이 품었던 의심들이다. 그러나 그들에게서 불교는 도출되지 않았다. 석가모니 부처님 당시는 물론이고 지금까지도 인도 땅에서는 수많은 종교인들이 그와 같은 의심을 해결하기 위해 가부좌 틀고 앉아 명상해 왔다. 수행의 문화가 없는 서구에서도 수많은 철학자들이 그와 같은 의심을 해결하기 위해 평생을 노력해 왔다. 그러나 그들에 의해 불교의 진리는 발견되지 않았다. 비근한 예로 ≪나는 누구일까≫라는 책으로 우리들에게 널리 알려진 인도의 수행자 라마나 마하리쉬가 도달한 경지는 불교가 아니라 우빠니샤드에서 말하는 범아일여(梵我一如)의 경지일 뿐이다. 라마나 마하리쉬는 샹까라적인 베단따 사상을 추종하는 아뜨만론자일 뿐이다. 영원한 자아를 추구하는 아뜨만론에 대해 부처님께서 무아의 교설을 통해 통렬하게 비판하셨다는 점은 주지의 사실이다. 그들이 발견한 아뜨만은 궁극적 경지가 아니라 단지 식(識)의 흐름일 뿐이다. 유식학적 표현을 빌면 아뢰야식의 견분(見分)일 뿐이다.

단순히 삶과 죽음에 대한 의심만 가지고 수행을 하는 것은 지도(地圖) 없이 어떤 목적지를 향해 여행을 떠나는 것과 같을 것이다. 이 경우 요행히 그 목적지에 도달하는 사람도 있겠지만 대부분은 길을 잃고 방황하게 될 것이다. 또 애초에 지향했던 곳과는 전혀 다른 장소에 도달했음에도 불구하고 그곳을 자신이 목적했던 곳으로 착각하는 사람도 있을 것이다. 마치 콜럼부스가 자신이 발견한 신대륙이 인도 땅이라고 오해한 채 삶을 마감했듯이 ….

따라서 올바른 선지식과의 인연이 닿지 않은 사람이 수행하는 경우 방황하지 않고 손쉽게 그 목적을 성취하기 위해서는 여행자가 참조하는 지도와 같은 역할을 하는 교학의 도움이 필수적이다. 교학이란 석가모니 부처님 이후 수많은 선지식들에 의해 만들어진 수행의 지도이며 그런 교학의 지도가 남아 있기에 수행자들은 깨달음에 이르는 데 소요되는 시간을 수억 겁에서 수십 년으로 단축할 수 있는 것이다.

교학자는 부처님과 선지식께서 남기신 수행의 지도를 복원하는 사람이다. 그리고 우리나라는 물론이고 세계적으로도 불교학의 많은 업적들이 유발(有髮) 교학자들에 의해 이루어지고 있다. 직접 여행을 해 보지 못한 곳이라고 하더라도 선인(先人)들의 여행기를 토대로 그곳으로 가는 지도를 만들 수 있듯이, 깨달음의 체험이 없는 유발 교학자라고 하더라도, 다양한 언어로 전승되는 불전의 내용들을 면밀히 비교 분석해 봄으로써 깨달음으로 가는 정확한 지도를 복원할 수가 있으며, 혹 잘못된 지도가 유포되어 있는 경우에는 비판적 조언을 할 수도 있을 것이다.

유발 교학자는 출가 수행자가 아니기에 귀의의 대상이 될 수는 없다. 계체(戒體)가 없기 때문이다. 유발 교학자와 출가한 스님 간의 본질적인 차이점은 계체의 유무에 있다. 스님에게는 수계식 때 형성된 계체가 그 마음속에 각인이 되어 있다. 불교 전문 용어로 표현하면 십이처(十二處) 중 법처(法處)에 소속된 율의무표색(律儀無表色)인 계체의 유무가 유발 교학자와 스님의 신분을 가르는 기준이 된다. 그리고 스님을 복전이게 하고 재가신자로 하여금 공경하게 만드는 것은 그 위의가 아니라 바로 계체인 것이다. 계체란 쉽게 표현하면 '계율을 지키겠다는 다짐'이다. 계를 지키겠다는 다짐은 평소에는 출가 수행자의 마음속에 잠재되어 있다가 어떤 경계와 마주쳐 범계와 지계의 갈림길에 섰을 때 지계행으로서 표출된다. 아직 불교 공부가 일천한 스님이라고 하더라도 지계 청정한 스님에게 재가 신자는 공경의 모습을 나타내며 귀의하게 되는 것이다. 계행에 대한 공경심은 우리 인간의 종교적 본능이기 때문이다.

혹자는 우리나라에서 신봉되는 대승불교는 보살의 삶을 지향하는 불교이기에 삼보 중 승보도 승속의 구분이 없는 보살중 하나일 뿐이라고 말한다. 그러나 이는 대승과 보살 사상에 대한 오해에서 비롯된 단견(短見)이다. 물론 보살의 삶을 지향한다는 점에서는 대승불교의 승과 속은 평등하다. 그러나 이는 승가에 대한 진제(眞諦)적

조망일 뿐이다. 부처님께서 남기진 진리(諦)의 말씀을 접할 경우 우리는 진제와 속제의 이제(二諦) 중 어느 한 쪽도 소홀히 해서는 안 된다. 속제를 무시하면 가치판단이 상실되어 악취공(惡取空)의 나락에 빠지게 되고 진제를 무시하면 영원히 해탈할 수 없다. 진제적 견지에서는 부처와 중생이 차이가 없으며, 윤회가 그대로 열반이요, 행주좌와가 모두 선(禪)이며, 과거, 현재, 미래가 모두 불가득(不可得)이고, 계율도 공(空)하다는 무차별적 선언이 가능하다. 그러나 속제적 견지에서는 부처와 중생이 다르고, 윤회는 결코 열반이 아니며, 가부좌 틀고 좌선해야 하며, 과거, 현재, 미래가 엄연히 존재하며, 계상(戒相) 역시 실재한다. 따라서 승과 속이 보살로서 평등하다는 것은 진제의 차원에서 이루어진 조망일 뿐이며 속제의 차원에서는 출가와 재가, 즉 승과 속이 엄연히 구분된다. 그리고 승보에 대한 귀의는 속제의 차원에서 이루어지는 종교 행위이다.

지금 우리나라는 제2의 불교 도입기를 맞이하고 있는 듯하다. 중국에 불교가 처음 도입될 당시 수많은 역경승에 의해 불전의 한역 작업이 이루어졌듯이, 최근 우리나라에서는 소장(小壯) 교학자들에 의해 산스끄리뜨와 빠알리, 또 한역 불전들의 국역 작업이 정열적으로 이루어지고 있으며 다양한 주제의 논문들이 양산되고 있다. 계체가 없기에 공경의 대상은 아니지만, 불교에 대한 열정으로 청춘을 불살랐고, 불교 고전어에 대한 독해력을 갖추었기에 수행을 위한 새로운 지도를 소개할 수 있으며, 객관적 분석을 통해 엄밀한 지도를 제작할 수 있는 장인(匠人) - 유발 교학자. 그러나 우리나라에서 이들이 생계를 유지하며 활동할 터전이 너무 좁다. 유발 교학자는 이

시대의 비구(乞士)인가?

(월간 해인 유마의 방, 2000년 7월호)

IV
참여불교 대담

지식으로서의 교학체계가 아니라 삶의 좌표로서의 교학연구가 가장 시급한 과제입니다

"어느 조사에 따르면 불교신자 중 8할은 고작 1년에 한두 번 정도 절에 나간다고 합니다. 불교 인구가 천만이 넘어섰다고 하지만 이 숫자에 비례해 재가불자의 신행이나 기풍의 질까지 향상됐다고 볼 수는 없습니다. 제가 연구하고 관심을 갖는 분야가 변하는 것은 이런 현실과 무관하지 않습니다. 신행 현장이 탄탄하다면 저 같은 학자가 굳이 응용불교나 실천불교에 관심을 가질 필요가 없었을지도 모릅니다."

지난 8월 22일 참여불교재가연대 사무실에 김성철 교수(동국대 경주캠퍼스 불교학과 교수, 50세)를 만났다. 김성철 교수와 인터뷰 구상을 하던 8월 초순 즈음, 그는 가산불교문화원 연구원들과 함께 중국에 가 있었다. 게다가 귀국하면 바로 새 학기를 앞둔 때여서 내심 인터뷰 요청이 조심스러웠다. 하지만 "나의 이력 등 개인적인 인터뷰가 아니고 체계불학이나 응용불교 등 요즘 내가 고민하고 연구하는 주제에 대해 묻고 답하는 자리라면 흔쾌히 응하겠다."는 메일이 도착했다.

하지만… 우선 '반칙'부터 해야겠다.

그의 이력을 빼놓고는, 중관학을 주로 연구해온 학자가 왜 체계불학이나 응용불교라는 분야까지 손을 뻗쳤는지, 글을 읽는 이들이 이해하기가 쉽지 않다. 아니 사실 그보다도, 그 이력을 빼놓고 얘기하자면 글을 쓰는 사람은 다른 식으로 독자를 이해시키기 위해 머리를 쥐어짜야 한다. 이건 너무 곤혹스러운 일이다. 그래서 우선 '반칙' 기술로 글을 시작하려 한다.

그는 치과의사였다. 아니 지금도 치과의사다. 자격을 갖고 있다는 뜻이다. 물론 진료는 하지 않는다. 그는 으레 그런 자격증을 갖고 있는 사람들이 병원에서 시간을 보내고 있을 때 연구실과 강의실을 오간다.

고등학교 때 어느 선생님이 학생들에게 하는 얘기를 들었다. "너희들도 치대 가라. 내 친구가 치과의사인데 하루 4시간 진료하고 나머지는 골프 치러 다니더라." 그는 이 얘기를 듣는 순간 치대에 가기로 결심했다. 오랫동안 꿈꿔왔던 미대에 가겠다는 계획도 단숨에

접었다. 그리곤 치과의사가 돼서 남는 시간은 골프대신 불교, 철학, 미술 등등 하고 싶은 공부를 마음껏 하리라 마음먹었다.

그는 결국 1976년 서울대 치대에 입학했다. 그리고 그의 나이 서른, 치과 의사 일이 본 궤도에 올랐을 즈음 혼자서 혹은 이곳저곳 찾아다니며 하던 불교 공부를 갈무리하고 동국대 인도철학과 대학원에 학생으로 입학한다. 1986년의 일이다.

"불교학자가 되기 위해 공부하는 사람이 있고, 신행을 하다가 점점 빨려 들다보니깐 모든 걸 버리고 불교학을 공부하는 사람이 있습니다. 전 후자에 속한다고 할 수 있겠죠."

그는 학자가 되기 위해 공부를 시작하지는 않았다. 물론 지금 연구하면서 학생들을 가르치는 일에 만족하지 못한다는 말은 아니다. 인터뷰 내내 졸업생들과 재학생들 칭찬을 섞어 말의 추임새를 넣는 그를 보면 그가 지금 하는 일을 얼마나 자랑스러워하는지 금방 눈치 챌 수 있다.

하지만 그는 학자로서만 만족할 수는 없다. 자신의 신행에 가속도를 놓기 위해 책꽂이를 채웠고 또 여전히 가장 중심에는 신행에 대한 고민이 자리 잡고 있기 때문이다. 이렇게 놓고 본다면 불자의 신행체계 수립에 초석을 놓기 위해 과감히 다른 영역에 뛰어든 그를 이해하는 게 한결 쉬워진다.

－ 1989년도에 〈나가르주나의 운동부정론〉으로 석사학위를 받았

습니다. 1997년 박사 논문은 〈용수의 중관논리의 기원〉이었고. 이
밖에 ≪중론≫, ≪회쟁론≫, ≪백론≫, ≪십이문론≫ 등 용수와 아리
야 제바의 저술을 번역하면서 중관에 대한 연구를 꾸준히 해오셨습
니다. 2000년 동국대에서 강의를 시작하면서도 역시 중론에 대한
저술을 꾸준히 하셨고요. 하지만 최근 몇 년 전부터 체계불학이나
응용불교 쪽으로 연구 분야를 넓히셨습니다. 어떤 특별한 계기가 있
었는지 궁금합니다.

"지식으로서의 교학이 아니라, 신념체계, 삶의 좌표로서의 교학
연구는 제가 꾸준히 추구하던 바입니다. 교학에 대한 정리가 어느
정도 끝나면 이런 신념체계에 근거해 무궁무진한 응용불교연구가
가능할 것이라는 생각을 해오고 있었습니다. 아시겠지만 특히 응용
불교, 실천불교는 수요에 비해 연구자가 굉장히 적습니다. 동국대
박경준 교수님이 이런 분야에서 고군분투해 오셨는데…. 저도 내가
아는 한도 내에서 응용불교, 실천불교 영역에 일조해야겠다는 마음
을 먹고 얼마 전부터 눈을 돌리게 됐습니다.
　사실 불자 인구가 남한 인구의 1/4정도 되지만 냉정히 얘기해서
이는 허수에 불과합니다. 불자이기 위해서는 그 삶이 부처님 가르침
대로 이루어져야 합니다. 다시 말해 인생관과 세계관과 가치관이 불
교적이어야 하고, 각종 통과의례가 불교적으로 이루어져야 합니다.
그러나 유교와 무속과 불교의 혼합적 종교관을 갖다가 유교와 무속
이 종교로서의 지위를 상실하자 남은 하나의 종교인 불교가 자신의
종교라고 생각하는 사람들이 현재 한국 불자의 대부분입니다. 따라

서 무늬만 불자인 사람들을 진정한 불자로 만들어주는 것이 무엇보다 시급하다는 생각을 항상 갖고 있었습니다. 이를 위해서는 물론 불교가 무엇인지 규명하는 작업이 선행되어야 합니다. 때문에 지금껏 불교를 공부하는 과정은 내 전공인 중관학을 중심으로 불교의 정체를 규명하는 작업이었습니다. 물론 이 분야만으로도 끝이 있다고 할 수는 없지만 더 늦기 전에 신행체계 등을 체계화 할 수 있는 작업에 뛰어들어야 한다고 생각했습니다. 이제는 지금껏 연구해왔던 주제를 발전시키는 것, 그리고 응용불교연구에 본격적으로 뛰어드는 것 이 두 가지를 병행해야 할 때라고 생각합니다.

우선 전자를 위해서는 이미 책으로 나온 원효스님의 ≪판비량론≫에 대한 연구나 고구려의 승랑스님에 대한 연구를 계속할 것입니다. 최근에는 ≪중론, 논리로부터의 해탈 논리에 의한 해탈≫이라는 책도 탈고했고요. 후자를 위해서는 체계불학을 비롯한 응용불교 분야의 이론적 영역을 넓히는 작업을 시작하려고 합니다."

– 우선 체계불학에 대한 얘기부터 시작했으면 합니다. 얼마 전에 쓰셨던 논문에서 체계불학은 기독교의 조직신학과 대당되는 개념이라고 쓰신 걸 본 적이 있습니다. 아직 체계불학이라는 이름조차 생소한 사람이 많을 텐데요. 선생님이 말씀하시는 체계불학이란 무엇을 말하는 것입니까?

"불자의 신념체계를 구성하는 것이 체계불학(Systematic Buddhology)의 목표입니다. 기독교의 경우도 다양한 신학이 있지만 신앙현장에서 사용되는 것은 조직신학(Systematic Theology)입니다. 이런 의미에서 기독교의 조직신학과 대당되는 개념이라고 표현한 것입니다.

체계불학을 본격적으로 고민하게 된 배경은 불교의 사회참여와도 밀접하게 관련돼 있습니다. 현재는 좀 다르지만, 얼마 전까지의 한국불교에는 '덩달이 참여'밖에 없었습니다. 다른 종교단체나 사회단체에서 먼저 하면 같이 따라하고 참여운동가들과 함께 사진이나 찍고 이런 식이었습니다. 그 속에서 '불교적 방식'에 대해 고민하고 애쓴 흔적을 찾는 건 무척 어렵습니다. 이렇게 불자들의 사회참여가 활발하지 못한 이유가 무엇일까 고민해 봤습니다. 그리고 신념체계의 부족에 기인한다고 결론을 내렸습니다. 신념체계 자체가 구성돼 있지 않기 때문에 그나마 있었던 사회참여까지도 혼란 속에 있었던 것이 사실입니다. 전 불자들이 다양한 사회참여를 할 수 있도록 이론적 틀을 제공하고 싶습니다. 그러기 위해서는 불교적 신념체계를 굳건히 세우는 게 필요하다고 생각합니다.

이론적인 측면에서 보자면 부처님의 가르침을 진제와 속제로 가르는 이제설(二諦說)이 체계불학의 한 틀이 될 수 있습니다. 전 중관학을 전공했습니다. 때문에 '공(空)'에 대해 강의할 기회가 많았는데, 강의하면서 항상 걱정되는 것은 공에 대한 공부가 '교만심'만 키울 뿐 기본 심성을 변화시키지 못한다는 점이었습니다. 공은 아비달마의 법 이론에 대한 비판이긴 하지만, 이는 아비달마적 교학체계가 체득된 사람에 대해서만 유용한 가르침입니다. 또 아비달마의 경우 출가수행자를 위한 교학체계입니다. 세속의 복락을 추구하는 재가불자의 경우 다른 지침이 제시되어야만 합니다. 그래서 공성에 대해 강의하기 전에 먼저 재가불자를 위한 인과응보의 행복과 소승의 아비달마에 대해 강의하였습니다. 세 단계로 불교의 가르침을 구분한 것입니다.

그러다가 우연한 기회에 ≪보리도차제론≫을 접하게 됐습니다. 이 ≪보리도차제론≫의 삼사도(三士道) 체계는 앞에 말한 제 생각과 상당 부분 일치했습니다. 이것이 '불교신념체계'의 전범일 수 있다는 생각이 들었죠. 이 ≪보리도차제론≫은 그 기원이 세친의 ≪구사론≫에 있습니다. 한 구절을 인용해 보죠.

소인배(下士)는 갖가지 방편을 통해 자신의 행복을 희구한다.
중사(中士)는 행복이 아니라 고통의 소멸만을 희구한다.
왜냐하면 이곳은 고통으로 가득 찬 곳이기 때문이다.
가장 뛰어난 상사(上士)는 괴로움을 자초하면서, 남들의 행복과 고통의 소멸을 희구한다.
왜냐하면 그는 남들의 고통을 보고서 고통 받는 자이기 때문이다.

≪보리도차제론≫은 이런 ≪구사론≫의 삼사도의 가르침을 차용하면서 자신의 수준을 판별하고 거기에 맞게 수행을 할 수 있도록 지도하고 있습니다."

- 체계불학에 대해 설명하셨는데, 외형상 티벳불교의 수행체계입니다. 때문에 이런 형식의 도입에 대해 비판적인 시각을 갖는 사람

도 있습니다. 그 정도 전통이라면 한국불교에서도 충분히 찾을 수 있다는 주장이죠.

"체계불학이 티벳불학만을 얘기하는 건 아닙니다. 한 가지 가장 모범적인 예로 든 것일 뿐입니다. 물론 ≪보리도차제론≫의 내용을 보면 그 모두가 우리 불교전통에서 가르치던 내용들입니다. 단 차이 점이 있습니다. 그것을 교육과정화 해 놓았다는 것입니다. 이 점이 ≪보리도차제론≫의 위대성이라고 생각합니다.

그리고 ≪보리도차제론≫의 경우 쫑카빠 스님 당신의 말씀은 그 리 많지 않습니다. 대부분 대승불전의 인용문으로 구성되어 있습니 다. 대승불전의 흩어진 가르침을 삼사도 체계의 알맞은 수준에 대입 하여 정리한 것이 ≪보리도차제론≫일 뿐입니다. 따라서 한국불교와 전혀 상충되지 않습니다.

또 부처님의 수행과정을 그대로 요약한 것이 보리도차제법의 수 행체계이기에 이것은 국경과 종파를 초월하여 불교를 정리하는 틀 입니다.

물론 방식에 차이가 전혀 없다고 말하는 것은 아닙니다. 동아시아 불교의 교상판석에서는 최고의 것을 중시합니다. 화엄학이 그렇고, 천태학이 그렇고, 열반학이 그렇습니다. 하지만 ≪보리도차제론≫은 낮은 단계의 수행을 가장 중시합니다. 수학에 비유하면 미분적분이 고급의 수학이론이지만 그걸 하기 위해서는 덧셈, 뺄셈을 먼저 습득 하고 있어야 하는 것과 같습니다.

불교신자도 깨달음을 얻기 위해서는 물론 최고의 수행법이 필요하지만 탐욕, 분노, 교만과 같은 기본 심성이 정리되어 있어야 합니다. 율사보다 선사가 더 높은 위치에 있지만 선사가 되기 위한 전제 조건은 율의 준수입니다. 그렇지 않을 경우 더하기 빼기 모르면서 미적분학 책을 들고 다니는 것과 같습니다.

오해가 있을 수 있을 것 같아 말씀드리면 전 물론 간화선이 가장 수승한 수행방법이라는 데 이견이 없습니다. 하지만 간화선은 깨닫게 되는 소수를 위한 것입니다. 깨닫기 위해 열심히 노력하는 과정에 있는 다수를 위해 특히 재가불자를 위해 필요한 교육체계가 있다면 도입되어야 합니다. 그런 점에서 ≪보리도차제론≫의 수행방법 도입을 주장하는 것입니다.”

– 오늘 주제와 조금 벗어나긴 하지만 이왕 티벳불교 얘기가 나왔으니 좀 더 진척시켜봤으면 합니다. 최근 급성장하고 있는 중국 불교도 티벳불교에서 상당한 영향을 받고 있고 대만도 상당부분 티벳불교로 전환됐다는 얘기를 들은 적이 있습니다. 서구유럽 역시 마찬가지고요. 이게 단순히 ‘달라이 라마’의 영향 때문이라고 얘기하기엔 뭔가 다른 흐름이 있는 것 같습니다.

“세계적으로 모든 종교가 근본주의 방향으로 나가고 있습니다. 선(禪) 같은 경우는 ‘근본주의’와는 좀 상충하죠. 열린 종교, 열린 불교라고 볼 수 있습니다. 60년대에서 80년대 초까지만 해도 유럽을 비롯해서 서구에 선불교가 유행이었지만 지금은 그 열기가 많이 식은 것 같습니다. 티벳불교가 들어갔기 때문이죠. 티벳불교가 유행하는 이유 가운데 하나는 근본주의적인 불교이기 때문입니다. 미국도 레이건 집권 이후부터 기독교 근본주의가 득세합니다. 그전까지는 히피 청년문화운동 같은 자유주의적 풍조가 유행했습니다. 라즈니쉬 같은 사람의 유행도 그런 측면에서 볼 수 있고요. 이런 흐름이 20년 동안 지속되다가 레이건이 집권하면서 꺾이게 됩니다. 이슬람도 75년 이후부터 근본주의 성향이 강해집니다. 이슬람교도의 핍박에 대한 반작용도 있었고요. 불교 역시 이런 문명의 흐름 속에서 살아남으려면 근본주의적인 조망을 갖출 필요가 있습니다. 현재 같은 추세라면, 앞으로 전개될 문명충돌의 시대에 '열린 불교인 선불교'는 소수자의 종교로 전락할 위험이 있습니다. 최근 조계종단에서 간화선 교재를 만들고, 그 수행방법을 체계화 하는 것은 이러한 시대의 흐름에 부응하는 시의 적절한 대처라고 생각합니다.

아시겠지만 밀교는 샤머니즘적 종교체험의 불교적 변형입니다. 영성세계와 접신한다고 하는 이런 샤머니즘적 종교 본능은 누구나 가지고 있습니다. 제가 말하는 '샤머니즘'을 '미신'이나 '무속'과 혼동하지 않았으면 합니다. 기독교나 이슬람교와 같은 셈족의 종교는 인간의 정신적 본능 가운데 샤머니즘적 측면만을 강조한 종교입니다. 티벳불교는 샤먼적 수행과 철학적 수행 모두를 균등하게 갖추고 있습니다. 그런데 우리의 선불교는 철학적인 면이 강하다고 볼 수 있죠. 선수행을 부흥하는 길은 샤먼적 측면을 되살리는 데 있다고 생각합니다. 사실 선의 전통 속에는 분명히 이런 샤먼적 요소가 있었을 것으로 추측됩니다. 시간이 지나면서 선 수행에서 샤먼적 요소를 상실해 버린 겁니다. 결국 드라이한 수행이 된 거죠. 12세기 대혜종

고스님에 의해 간화선이 개발되었습니다. 그 이전에 활동하셨던 많은 선사스님들의 행적을 화두로 삼는 것이지요. 그런데 시간이 지나면서 원래는 활구였던 화두가 사구(死句)로 굳어버리는 경향이 있습니다. 저는, 선불교 발달의 초창기엔 스승의 마음과 합치하기 위한 어떤 수행전통이 있었다고 확신합니다. 티벳의 구루(Guru)요가처럼요. 스승의 마음속으로 들어가 보지 않고 그가 던진 화두를 체득할 수가 없거든요. 화두를 드는 경우, 분별을 끊으려는 노력과 동시에 관념 속에 화두를 떠올리면서 그런 화두를 제시한 스승의 마음 그 자체를 알아내어 그 마음과 하나가 되려는 노력을 할 때 간화선은 보다 쉬워지고 현실감 있는 수행으로 되살아날 수 있다고 생각합니다. 이것이 샤면적 방식입니다. 그럴 때 간화선은 진정한 이심전심(以心傳心)의 수행법으로 많은 수행자들에게 진정한 도움을 줄 수 있을 것 같습니다. 불교의 가르침은 일미(一味)라고 합니다. 모두 한 맛이라는 의미입니다. 티벳불교의 구루요가와 동아시아의 간화선의 수행방식에 본질적 차이는 있을 수 없다고 생각합니다.”

 - 이제 응용불교학 전반에 대한 얘기로 넘어가겠습니다. 이미 70년대 중반부터 사원경제론이나 포교론, 종교학 등 다양한 형태의 응용불교학으로 포섭하려는 시도가 있었고, 현대 동국대학교 석사과정과 박사과정 중에도 사회복지학이나 서지학, 불교경제학, 불교윤리학, 불교와 여성 등 다양한 강좌가 개설돼 있습니다. 하지만 강좌 수들에 비해서 우리에게 응용불교학이 성숙되지 않은 이유는 무엇일까요? 시스템의 문제입니까?

"근대 불교학은 대기만성의 학문입니다. 불전의 양이 워낙 방대하기 때문이죠. 응용불교연구가 많이 진척되지 못한 게 아쉽기도 하지만 그게 장점 아니겠습니까? 이제 웬만해선 절대 엇나가지 않을 겁니다. 조금만 엇나가도 그것에 제동을 거는 가르침을 경전에서 찾아낼 수 있거든요. 지금까지 150여 년에 걸친 근대불교학연구는 그런 역량을 충분히 성숙시켜온 과정이라고 봐도 될 겁니다. 너무 늦었다고 아쉬워할 필요는 없을 것 같습니다."

– 응용불교학에 대한 애착이 남다르신 것으로 알고 있습니다. 1999년 ≪불교평론≫에서 고영섭 교수는 응용불교학에 대해 '물음과 배움의 체계'라고 정의하기도 했는데요. 선생님이 생각하시는 응용불교학의 정의 그리고 다양한 응용불교학의 분야 중에서도 한국불교에서 시급하게 연구되어야 할 주제들은 어떤 것이 있을까요?

"응용불교학을 굳이 정의한다면 '불교와 생활의 만남'이라고 말할 수 있을 것 같습니다. 문헌해독과 역사학적 연구를 통해 구명된 인문학적 불교학의 연구 성과들을 우리의 삶과 접목시키기 위한 학문적 작업이 응용불교학이라고 정의할 수 있을 겁니다. 특히 재가불자교육과 관련해서는 정말 할 일이 많습니다. 승가교육의 경우 전통이 든든하지만, 재가불자교육은 걸음마 단계에 있다고 해도 과언이 아닙니다. 어린 아이들을 위한 불교교육, 청소년을 위한 불교교육, 직업인을 위한 불교교육, 노년기의 불교교육 등등 말입니다.

또 현대과학이론에 대한 불교적 해석도 시급한 문제입니다. 서구에서 도입된 현대 사회철학이론에 대한 불교적 해석, 세계 역사의 흐름에 대해 불교적 시각으로 새롭게 조명하는 작업 등도 포함될 겁니다."

— 응용불교학 연구를 위해 혹은 활성화를 위해 여러 구상을 하고 계신 것으로 압니다. 어떤 계획들이 있습니까?

"우선 가을쯤에 불교 NGO의 현재와 미래에 대해 조망하는 학술회의를 열고 싶습니다. 몇몇 분들의 동의를 얻긴 했는데 개학하면 학교에 건의해볼 생각입니다. 이밖에 자연과학에 대해 불교적으로 해석하는 학술회의나 불교교육 방법, 심리학과 불교의 만남을 모색하는 일, 사회철학과 불교의 만남 등에 대한 것들을 주제로 토론의 장을 만들고 싶습니다."

— 불교와 NGO의 접점은 어떻게 형성되는 것이 바람직하다고 생각하십니까?

"NGO의 발달과 의의는 사회주의권 붕괴와 밀접한 관련이 있습니다. 예전처럼 자본주의와 사회주의라는 체제 대결이 있을 때는 자본주의는 사회주의에 지지 않기 위해 상대적으로 건전한 방향으로 발달되었습니다. 의도하건 의도하지 않건 그게 필요했죠. 하지만 사회주의가 붕괴되고 나서 사실상 이런 방패막이 역할이 없어졌습니다. 이젠 자본주의의 경쟁자가 없어졌기에 국가 간이든 기업에서든 그야말로 약육강식의 논리가 팽배합니다. 사회주의 진영이 무너졌기에 더 이상 '착한 척'을 할 필요가 없거든요. 최근 신자유주의 이념의 대두도 이런 측면에서 이해할 수 있습니다.

신자유주의 시대의 '동물적 힘'에 대해 비판하고 저항함으로써 사회가 건전한 방향으로 발달할 수 있도록 조정해 주는 역할이 NGO에게 주어졌다고 생각합니다. 특히 정보통신 등의 발달은 NGO의 성장에 큰 역할을 할 것으로 기대됩니다. 모든 정보가 공개되기 때문이죠. 미국이 베트남에서 패퇴한 것도 그들이 베트남에서 활동했던 좋지 못한 행동들이 전 세계인에게 공개됐기 때문입니다. 여론에 밀려 철군할 수밖에 없었죠. 현재 이라크에서 미군이 고전하고 있는 것도 이런 정보공개와 무관하지 않습니다. 불과 몇 십 년 전에 히틀러는 유태인을 600만 명이나 학살했지만 당시에는 그 정도로 유태인이 많이 죽었다는 걸 대부분의 사람들이 몰랐습니다. 정보가 차단되어 있기 때문에 가능했거든요. '광주민주화운동' 같은 경우도 정보가 상당부분 공개됐다면 그렇게 끔찍하게 지속되지는 못했을 겁니다. 그러나 인터넷과 핸드폰과 같은 고급 정보통신기기가 세계적으로 보급된 현재는 '부당한 잔학 행위'가 쉽게 일어날 수 없습니다. NGO는 이런 정보통신문명에 바탕을 두고 미래를 주도할 수 있는 역동적인 세력이 될 것입니다.

좀 다른 식으로 비유하자면 디지털 방식과 아날로그 방식의 차이라고 볼 수도 있습니다. 디지털 방식으로 만들어진 정보통신기기는 아날로그 기기와 그 성격이 판이하게 다릅니다. 디지털 기기는 무한 의미를 방출하는 의미방출기입니다. 의미는 정신을 구성합니다. 물리 영역에서는 악하고 강한 것이 선하고 약한 것을 이기지만, 정신 영역에서는 선하고 미세한 것이 악하고 강한 것을 이기게 되어 있습니다. NGO의 발달은 이런 디지털 시대와도 밀접한 관련이 있다고 생각합니다.

이런 미래의 세계에 불교적 세계관과 인생관과 가치관을 갖고 뛰어든다는 것은 무척 바람직하고 반드시 해야 할 일입니다. 특히 화엄사상의 경우, 현대의 정보통신문명을 담을 수 있고 선도할 수 있는 세계 유일의 종교사상이라고 생각합니다. 그런 의미에서, 예지력을 갖고 이런 영역을 꾸준히 개척해 온 참여불교재가연대 같은 단체는 정말 큰 역할을 한다고 생각합니다.

조금 더 욕심을 내자면 우리 불교계의 NGO가, 앞으로 아시아 더 나아가 세계 NGO를 이끌 수 있는 주도 세력이 되었으면 합니다."

그와의 인터뷰는 예정된 1시간 30분을 넘겨 밤늦게까지 이어졌다. 체계불학과 응용불교에 대한 이야기가 계속 됐지만 시간이 지나면서 세계사와 한국 근대사에 대한 이야기로 점점 주제가 옮겨갔다. "세계사적인 전망을 통해 한국불교를 새롭게 보고 싶다"는 그의 욕심이 한꺼번에 쏟아져 나왔다.

이렇게 인터뷰를 끝내고 돌아서면서 들었던 생각은 그에게 강한 '사명감'이 느껴진다는 것이다. 기업으로 치자면 임무나 비전에 해당하는 그것 말이다. 비전이나 목표를 상실한 기업이 장수하지 못하듯

266

이런 사명감 하나 없이 '불교'를 신행하고 연구한다는 건 어불성설일 수도 있다는 생각이 들었다. 그가 "처음도 중간도 나중도 좋아야한다."는 가르침을 다른 이들에게 오롯이 보여주면 좋겠다는 기대를가져본다.

(월간 참여불교 인터뷰 기사, 대담 및 진행 이상근, 2006년 9월호)

불교하는 사람은 …
김성철 교수의 실천불교

초　판 2021년　3월 29일
개정판 2021년 10월 19일

지은이 김성철
펴낸이 김용범
펴낸곳 도서출판 오타쿠

주소 (우)04374 서울특별시 용산구 이촌로 18길 21-6 이촌상가 2층 203호
전화번호 02-6339-5050　otakubook@naver.com　www.otakubook.org

출판등록 2018.11.1　등록번호 2018-000093
ISBN 979-11-976180-0-0　(03220)

가격 18,000원 [eBook(가격: 12,000원)으로도 판매합니다]

이 도서의 국립중앙도서관 출판예정도서목록(CIP)은 서지정보유통지원시스템 홈페이지(http://seoji.nl.go.kr)와 국가자료종합목록 구축시스템(http://kolis-net.nl.go.kr)에서 이용하실 수 있습니다.

※ 이 책에는 네이버 글꼴이 적용되어 있습니다.